PRÉCIS DE THÉOSOPHIE

Copyright © 2018

Éditions Unicursal Publishers
www.unicursalpub.com

ISBN 978-2-924859-33-9

Première Édition, Yule 2018

Tous droits réservés pour tous les pays.

C. W. LEADBEATER

PRÉCIS DE THÉOSOPHIE

Classiques Théosophiques

UNICURSAL

CHAPITRE PREMIER

QU'EST CE QUE LA THÉOSOPHIE ?

"Il existe encore de nos jours une école de philosophie que les esprits cultivés de notre époque ne connaissent plus." C'est par ces mots que M. A. P Sinnett commence son livre le *Monde occulte*, le premier exposé populaire qui ait été fait de la Théosophie et qui fut publié il y a trente ans. Pendant les années qui se sont écoulées depuis lors, des milliers de gens ont pu connaître la sagesse, grâce à cette école; cependant ses enseignements sont ignorés de la majorité, et les réponses les plus vagues accueillent généralement la demande: "Qu'est-ce que la Théosophie?"

Deux livres donnant une réplique à cette question, ont déjà été écrits: le *Bouddhisme ésotérique* de M. Sinnett et la *Sagesse antique* de Mme Besant. Je n'ai nullement l'intention de rivaliser avec ces ouvrages classiques; je désirerais seulement faire un exposé de la Théosophie qui serait aussi clair et aussi simple que possible, et qui pourrait être considéré comme le préliminaire des livres que j'ai cités.

La Théosophie est souvent considérée non pas comme une religion en elle-même, mais comme la vérité qui se rencontre à la base de toutes les grandes croyances religieuses. Cette opinion ne saurait être réfutée ; cependant, si nous l'envisageons d'un point de vue différent, la Théosophie nous apparaît à la fois comme une philosophie, en ce qu'elle explique clairement le plan de l'évolution des âmes et des corps compris dans notre système solaire ; une religion, en ce sens, que nous ayant démontré la marche de l'évolution ordinaire, elle nous indique et nous offre un moyen d'abréger le chemin que nous devons parcourir, afin que nous puissions, par un effort conscient, progresser et atteindre plus directement le but ; elle est une science enfin, parce qu'elle traite ces questions, non pas en croyances théologiques, mais en connaissances positives que l'on peut acquérir par le travail et au moyen d'investigations personnelles. Elle affirme que l'homme n'a aucun besoin de se fier aveuglément à la foi, puisqu'il possède en lui-même des pouvoirs latents qui lui permettent, lorsqu'il les a éveillés, de voir et d'examiner par lui-même les théories qu'il avance ; elle le lui prouve d'ailleurs, en lui montrant par quels procédés il parviendra à les développer. La Théosophie est elle-même le résultat de l'éveil de ces pouvoirs chez certains êtres qui nous ont précédés, car les enseignements qu'elle nous offre sont fondés sur l'observation directe, rendue accessible par le développement de ces facultés.

La Théosophie nous enseigne, en tant que philosophie, que notre système solaire est un mécanisme minutieusement réglé qui n'est autre que la manifestation d'une vie magnifique dont l'homme ne représente qu'une petite partie, traitée tout au long par elle sous les trois titres de présent, passée et futur.

Elle nous parle du présent en décrivant ce que l'homme est en réalité, tel qu'il est vu au moyen de ses facultés développées. On dit habituellement que l'homme possède une âme. Le résultat d'investigations directes conduit le théosophe à renverser cet aphorisme et à déclarer quel l'homme est une âme et qu'il possède un corps en réalité plusieurs corps qui sont ses véhicules et ses instruments dans divers mondes. Ces mondes ne sont pas séparés dans l'espace. Tous ensembles ils nous environnent dans le lieu et le temps. Partout, et à tout instant, nous pouvons les étudier. Ils forment des subdivisions de ce qu'il y a de matériel dans la nature. Ils sont les différents degrés de densité de la substance agrégée. Nous expliquerons cela en détail. L'homme vit dans plusieurs de ces mondes, mais il n'est normalement conscient que sur le plan physique, bien qu'il puisse parfois obtenir un rapide aperçu des mondes supérieurs durant le rêve ou l'extase. Ce que nous appelons la mort, n'est en réalité que le dépouillement du véhicule physique, et l'âme ou l'homme véritable ne se trouve pas plus affecté par ce nouvel état que nous ne le sommes lorsque nous enlevons un vêtement. Tout ceci n'est pas une spéculation, mais le fruit de l'observation et de l'expérience.

La Théosophie nous fournit de précieux renseignements sur le passé de l'homme, sur la manière dont, au cours de l'évolution, il est devenu ce qu'il est. Encore là, une affaire de simple observation, car il existe d'ineffaçables annales de tout ce qui fut — une sorte de mémoire de la nature. Le chercheur qui scrute ces annales voit défiler devant lui les scènes les plus lointaines de l'évolution passée, comme si elles se déroulaient au moment même. Il apprend ainsi que l'homme est d'origine divine. Au cours des années sans nombre de son "passé", il a développé côte à côte sa forme extérieure et ce que l'on peut appeler son âme ou sa vie interne. Cette vie de l'homme, de l'homme considéré comme une âme, est d'une longueur qui nous semble démesurée. Par contre, ce que nous avons coutume d'appeler notre vie, n'est en réalité qu'un seul jour de notre existence véritable. Nous avons déjà vécu des jours semblables. Il nous en reste bien plus encore à traverser.

Voulez-vous comprendre le but réel de la vie ? Ne la restreignez pas à ce jour unique qui vous éclaire en ce moment, et qui, né sur votre berceau, s'éteindra sur votre tombe ; songez aussi à tous les jours qui ont précédé celui-ci, à tous ceux qui lui succèderont.

Nous pouvons aussi acquérir des connaissances précises et multiples sur l'avenir qui nous est réservé ; d'abord, par certains hommes qui nous ont de beaucoup devancés sur la route que nous devons suivre, et qui, par conséquent, la connaissent pour l'avoir parcourue ; ensuite, par les déductions que nous pouvons tirer de l'examen des étapes qui les ont menés à la perfection.

Un des avantages les plus remarquables de la Théosophie, c'est que la lumière, dont elle nous environne, résout un grand nombre des problèmes qui nous tourmentaient, aplanit bien des difficultés, explique les raisons des injustices apparentes de la vie, et de tous côtés, change en ordre ce qui nous semblait un chaos. À la vérité, quelques-uns des enseignements théosophiques reposent sur l'observation de forces dont l'étude directe n'est pas à la portée de l'homme ordinaire. Je le reconnais. Mais que celui-ci les accepte comme une hypothèse provisoire, et bientôt il se rendra compte que cette hypothèse doit être la bonne, parce qu'elle seule fournit une explication complète et raisonnable du drame de la vie.

Parmi les grandes vérités nouvelles et saillantes que la Théosophie apporte au monde occidental, nous pouvons signaler, d'abord, la certitude qu'il existe des hommes devenus plus faits que nous, que l'on peut approcher, et par lesquels on peut être instruit ; en second lieu, l'affirmation que, loin d'être entraîné vers l'anarchie, le monde est gouverné par une Hiérarchie parfaitement organisée et que l'échec, même de la plus infime de ses unités est absolument irréalisable. Le moindre aperçu que l'on ait du fonctionnement de cette Hiérarchie engendre inévitablement le désir de coopérer avec elle, de servir sous ses ordres, même dans le rôle le plus modeste, afin d'être digne de se joindre, dans un avenir très éloigné, à Ceux qui en occupent les rangs les moins élevés.

Ceci nous amène à cet aspect de la Théosophie que nous appelons son côté religieux. Ceux qui saisissent toute la portée de ces vérités, s'impatientent de la marche lente des éons de l'évolution ; ils aspirent à se rendre plus vite utiles et s'acheminent alors vers le Sentier plus direct mais aussi plus ardu ; car il est impossible à quiconque d'échapper à la somme de travail qui doit être exécuté. Nous pourrions comparer ceci à un fardeau qu'il faudrait transporter sur le haut d'une montagne; s'il est porté sur un chemin escarpé ou au contraire, plus graduellement, par une route dont la pente sera douce, la même quantité de forces aura été dépensée dans les deux cas. Il faut donc un effort déterminé pour accomplir le même travail dans une plus petite fraction de temps. Nul, cependant, n'est inférieur à cette tâche, puisque le trajet a déjà été parcouru, et ceux qui sont arrivés au faite sont tous d'avis que l'on est plus que récompensé de la peine que l'on s'est donné. La limitation des différents véhicules est ainsi surmontée peu à peu, et l'homme libéré devient un aide actif et intelligent dans le système grandiose de l'évolution de tous les êtres.

Loin de baser la règle de vie qu'elle préconise sur des lois imaginaires communiquées à une époque lointaine, la Théosophie, en tant que religion, nous offre des préceptes fondés sur le bon sens et les faits qu'elle a observés. L'attitude du théosophe vis-à-vis de ces préceptes devrait plutôt se rapprocher de celle que nous adoptons, non pas lorsqu'il s'agit de commandements religieux, mais d'ordonnances hygiéniques. Les lois de la nature sont en réalité l'expression de la Volonté divine, la sage ordonnatrice de toutes choses; et l'infraction à ces lois entraîne le trouble dans la marche régulière du plan général, le retard ou l'arrêt momentané de l'évolution d'un fragment ou d'une infime partie. En agissant ainsi, d'ailleurs, nous nous attirons de nombreuses souffrances à nous-mêmes et aux autres. L'homme sage et éclairé évitera donc de les transgresser — non parce qu'il redoute la colère imaginaire de quelque divinité offensée.

Mais si en nous posant à un point de vue spécial, nous pouvons envisager la Théosophie comme une religion, nous devons prendre en considération deux points importants qui la distinguent de ce que l'on appelle généralement religion en Occident. D'abord, elle ne demande pas à ses partisans de croire les enseignements qu'elle expose, et ne donne pas d'ailleurs au mot croyance le sens qui lui est généralement attribué. L'étudiant des sciences occultes sait une chose ou bien diffère son jugement sur cette matière jusqu'à ce qu'il sache, car son système ne comporte pas la foi aveugle.

Qui débute dans cette étude ne peut naturellement rien savoir par lui-même ; il lui est seulement demandé de lire le résultat des différentes observations qui ont été faites et de les traiter comme des hypothèses probables — de les accepter provisoirement, et d'agir en conséquence, jusqu'au moment où il lui sera permis d'acquérir personnellement la preuve de leur justesse.

En second lieu, la Théosophie n'essaye jamais de convertir un homme, quelles que soient ses croyances. Elle lui explique sa religion au contraire, lui apprend à la connaître, à la suivre plus fidèlement qu'il ne le faisait, et lui permet de découvrir dans ses préceptes un sens plus profond qu'il ne soupçonnait. Dans bien des cas, elle lui restitue, sur un niveau plus élevé et plus intelligent, sa foi à peu près disparue.

La Théosophie possède également un côté scientifique ; elle est en vérité une science de la vie, une science de l'âme. Elle applique à toutes choses la méthode scientifique d'une observation minutieuse et souvent renouvelée, elle enregistre les résultats et en retire des déductions. Les différents plans de la nature et les conditions de la conscience de l'homme, pendant la vie, et après ce qui est généralement appelé la mort, ont été déjà scrutés ainsi par elle. On ne peut trop souvent répéter que ses déclarations sur ces sujets ne sont pas de vagues conjectures, ni des dogmes de foi, mais qu'elles sont basées sur l'observation directe et souvent renouvelée de ce qui existe. Les investigateurs se sont également intéressés, dans une certaine mesure, à des problèmes qui relèvent plutôt du domaine de la science ordinaire, ainsi que s'en rendront compte ceux qui liront le livre récemment publié sur la *Chimie occulte*.

Nous voyons ainsi que la Théosophie réunit en elle-même quelques-unes des caractéristiques de la philosophie, de la religion et de la science. Ne se demande-t-on pas alors quel est l'évangile qu'elle apporte à notre monde si las de souffrir ? Les points essentiels qui se dégagent de ses investigations ? Les grands faits qu'elle doit exposer à l'humanité ?

Ces questions ont été bien résumées sous trois titres principaux.

"Il y a trois vérités essentielles qui ne sauraient se perdre et qui peuvent cependant rester muettes, faute d'une voix pour les proclamer.

L'âme de l'homme est immortelle, et son avenir est celui d'une chose dont le développement et la splendeur n'ont pas de limites.

Le principe qui donne la vie habite en nous et hors de nous ; il ne meurt jamais, il est éternellement bienfaisant ; il ne peut être vu, ni entendu, ni senti, mais il est perçu par l'homme qui désire la perception.

Chaque homme est à lui-même, absolument, son propre législateur, le dispensateur de sa gloire et de son obscurité, l'arbitre de sa vie, de sa récompense, de son châtiment.

Ces vérités sont grandes comme la vie elle-même, et pourtant simples comme la plus simple des intelligences humaines."

En langage ordinaire, ceci veut dire, en résumé, que l'homme est immortel, que Dieu est bon, et que nous récoltons ce que nous avons semé. Tout est régi sous empire d'un système défini, qui se trouve sous le contrôle direction intelligente et fonctionne sous le régime de lois immuables. L'homme tient une place dans ce système et vit sous ces lois. S'il les comprend et s'il coopère avec elles, il progressera rapidement et sera heureux; s'il ne saisit pas leur portée — si volontairement ou à son insu, il les transgresse, il retardera son progrès et souffrira. Il ne s'agit pas ici de théories, mais de faits qui sont prouvés. Que celui qui doute lise ce qui va suivre, et il verra.

CHAPITRE II

DE L'ABSOLU À L'HOMME

De l'Absolu, de l'Infini, de Celui qui embrasse tout, nous ne pouvons rien savoir, au point où nous en sommes de notre évolution, sauf qu'Il est ; nous ne pouvons rien dire qui ne soit une limitation et par cela même, inexact.

En lui sont des univers innombrables ; dans chaque univers, des systèmes solaires incalculables. Chaque système solaire est l'expression d'un être puissant que nous appelons le Logos, la Parole de Dieu, la Divinité solaire). Il est à son système tout ce que les hommes désignent par le mot "Dieu". Il le pénètre ; il n'y a rien qui ne soit lui dans ce système, et Il se manifeste à nous dans la petite parcelle de matière que nous voyons. Cependant il existe au-dessus et en dehors de son système, vivant une existence prodigieuse parmi ses Pairs. Ainsi qu'il a été dit dans une écriture sainte orientale :

"Ayant pénétré cet univers entier avec un fragment de moi-même, je demeure."

De sa vie supérieure, nous ignorons tout, mais l'étude des plans inférieurs de sa manifestation nous fournit quelques renseignements sur le fragment de sa vie qui anime son système. Sans le voir, nous pouvons cependant constater l'effet de sa puissance à l'œuvre. Nul clairvoyant ne peut être athée, l'évidence du contraire est trop formidable.

De sa propre substance il a créé ce système prodigieux. Nous qui faisons partie de ce système, nous évoluons des fragments de sa vie, des étincelles de son feu divin; de lui nous sommes tous venus; en lui nous retournerons.

Nombre de gens ne se demandent-ils pas le but de la création; le motif pour lequel Dieu a fait émaner de lui-même tout un système; pour quelle raison enfin, il nous a envoyé affronter les tempêtes de la vie? Nous ne pouvons pas répondre à ces questions, qui d'ailleurs sont dépourvues de toute utilité pratique. Ne suffit-il pas que nous existions et que nous agissions de notre mieux? Nombre de philosophes, cependant ont émis des hypothèses sur ce sujet et ont suggéré des théories. La plus belle que je connaisse est celle d'un philosophe gnostique :

"Dieu est Amour, mais l'Amour lui-même, ne peut être parfait que s'il existe des êtres auxquels il est prodigué et qui savent le rendre. C'est à cause de cet amour que Dieu s'exprima dans la matière et limita Sa gloire afin que nous puissions, grâce au processus naturel et lent de l'évolution, être appelés à l'existence. Nous devons, selon Sa volonté, nous développer à notre tour, jusqu'à ce que nous atteignions son niveau. L'amour de Dieu lui-même deviendra alors plus parfait, car il sera prodigué à ses propres enfants, ceux qui le comprendront et qui le lui rendront pleinement. Son dessein sublime sera ainsi réalisé et sa volonté sera faite."

Nous ne savons pas à quelle élévation fantastique réside sa conscience, et nous ne pouvons pas connaître sa véritable nature telle qu'elle se manifeste à cette hauteur ; mais, lorsqu'il descend dans des conditions se trouvant dans les limites de nos connaissances, sa manifestation est toujours triple. C'est pourquoi toutes les religions l'ont représenté comme une Trinité. Trois et cependant fondamentalement Un ; trois personnes (car personne signifie masque) et cependant un seul Dieu se manifestant sous trois aspects. Trois pour nous qui les voyons d'ici-bas, parce que leurs fonctions sont différentes ; un pour lui parce qu'il sait qu'elles ne sont que des facettes de lui-même.

Ces trois aspects prennent également part à l'évolution du système solaire. Ils participent dans une même mesure à l'évolution de l'homme. Cette évolution est sa volonté ; l'histoire en est son plan.

Immédiatement en dessous de cette Divinité solaire et faisant toutefois mystérieusement partie d'Elle, viennent ses sept ministres que nous appelons les Esprits planétaires.

En employant une analogie tirée de la physiologie de notre propre corps, leur relation vis-à-vis de la Divinité solaire pourrait être comparée à celle des ganglions ou celle des centres nerveux dans leurs rapports avec le cerveau. Toute évolution provenant de cette Divinité doit passer à travers l'un ou l'autre des Esprits planétaires.

En dessous de ceux-ci se trouvent les nombreuses légions ou degrés d'Êtres spirituels que nous appelons les Anges ou Dévas. Nous ignorons encore certaines des fonctions qu'ils remplissent dans les différentes parties de ce plan merveilleux, mais nous constatons qu'il en existe un certain nombre, dont la fonction est intimement liée à la construction du système et au développement de la vie dans celui-ci. Notre monde possède aussi un grand dignitaire ou le représentant de la Divinité solaire. Il a sous son contrôle absolu toute l'évolution qui se déroule sur cette planète. Nous pouvons nous le représenter comme le vrai Roi de ce monde, ayant sous son autorité des ministres à la tête de divers départements. L'un de ces départements est chargé de l'évolution des différentes races de l'humanité, car chaque grande Race est fondée et différenciée de toutes les autres par un Chef, qui veille ensuite sur son développement. La religion et l'éducation constituent un autre département, et c'est de celui-ci que sont venus tous les plus grands instructeurs de l'histoire et que découlent toutes les religions. Le grand Dignitaire à la tête de ce département vient lui-même, ou bien envoie l'un de ses disciples lorsqu'il juge nécessaire de fonder une nouvelle religion.

C'est à cette cause qu'il faut attribuer l'uniformité des enseignements fondamentaux de toutes les religions, à l'époque de leur fondation. La présentation de ces vérités seule était susceptible de modifications. Si nous nous représentons les différences qui existaient entre les races, les conditions dissemblables de leur état de civilisation et de leur degré d'évolution, nous comprendrons combien il était préférable que la vérité unique, revêtît plusieurs formes pouvant s'adapter à leurs besoins particuliers. Mais la vérité ésotérique, ainsi que la source à laquelle elle doit son origine, est toujours la même, bien que parfois ses enseignements exotériques puissent paraître opposés — même contradictoires. Il est donc insensé de la part de l'homme de vouloir chicaner sur la question de la suprématie d'un instructeur ou d'un mode d'enseignement sur un autre. L'instructeur se rattache toujours à la grande Fraternité d'Adeptes dont il est l'envoyé, et sur tous ses points importants ainsi que dans ses principes éthiques, l'instruction n'a jamais varié.

Il existe un ensemble de vérités qui se rencontrent à la base de toutes les religions et qui se seront exprimées dans les faits de la nature, tels qu'ils sont connus de l'homme à présent. Ceux qui les ignorent se querellent sans cesse et discutent l'existence de Dieu, la survivance de l'homme après la mort, sa perfectibilité et la place qu'il faut lui concéder dans l'univers. Loin de rester sans solution, ainsi qu'on serait en droit de le supposer, ces vérités sont à la portée de celui qui dirigera ses recherches dans cette direction, car elles appartiennent à tous ceux qui font un véritable effort pour les acquérir.

Dans les premiers stades de notre humanité, les grands dignitaires de la Hiérarchie proviennent d'autres planètes, c'est-à-dire de quelque monde en avance sur notre système, mais dès que les hommes peuvent être amenés à un développement adéquat de puissance et de sagesse, ces fonctions sont remplies par eux-mêmes.

Afin d'être à la hauteur d'une tâche pareille, an homme doit d'élever à un niveau supérieur, il doit devenir ce que l'on appelle un Adepte — un être de bonté, de pouvoir et de sagesse, un être si puissant enfin, qu'il plane au-dessus du reste de l'humanité, car il a déjà atteint le sommet de l'évolution humaine ordinaire ; il a réalisé le stade que la Divinité lui avait assigné dans son plan pendant cet âge ou dispensation. Mais son évolution s'élèvera plus tard au-delà de ce degré — elle s'étendra jusqu'à la divinité.

Un grand nombre d'hommes sont parvenus toutefois au grade d'Adepte — des hommes appartenant non pas à une seule nation, mais à toutes les nations dirigeantes du monde — des âmes rares qui, avec un courage indomptable, ont assailli les forteresses de la nature, se sont emparés de ses secrets les plus profonds, et ont ainsi réellement acquis le droit d'être appelés Adeptes. Il existe, dans leur rang, bien des grades et de nombreuses lignes d'activité, mais quelques-uns d'entre eux restent toujours en rapport avec notre terre, en qualité de membres de cette hiérarchie chargée de l'administration des affaires de notre globe et de l'évolution spirituelle de notre humanité.

Ce centre auguste est souvent appelé la Grande Fraternité Blanche, mais les membres qui la composent ne vivent pas en communauté. Chaque Adepte, en général, se retire de la vie du monde, et reste cependant en communication constante avec ses confrères et leur Chef suprême, car sa connaissance des mondes supérieurs est si profonde, que cette communication est obtenue sans qu'il y ait la nécessité de les rencontrer sur le plan physique. Dans la plupart des cas, il continue à résider dans sa patrie et son pouvoir reste ignoré de ceux qui vivent auprès de lui. Tout homme peut, s'il le désire, attirer son attention, mais seulement en s'en rendant digne. Nul ne doit craindre que ses efforts passent inaperçus ; une telle inadvertance est impossible, car l'homme qui se dévoue à un service semblable se dégage du reste de l'humanité comme une grande flamme dans la nuit profonde. Quelques-uns des grands Adeptes qui travaillent ainsi pour le bien du monde, consentent à prendre comme disciples ceux qui ont résolu de se sacrifier entièrement au service de l'humanité. Ces Adeptes sont appelés Maîtres.

Helena Petrovna Blavatsky fut l'un de ces disciples — une grande âme envoyée, il y a quelque trente-cinq ans, pour instruire et éclairer l'humanité. Elle fonda la Société Théosophique avec le Colonel Henry Steele Olcott afin de propager les connaissances qu'elle possédait. Parmi ceux qui furent en contact avec elle dans les premiers jours de la Société, se trouvait M. A. P. Sinnett, l'éditeur du *Pioneer*, et son intelligence pénétrante et subtile saisit de suite la grandeur et l'importance des enseignements que lui exposait Mme Blavatsky. Bien que celle-ci eût préalablement écrit *Isis dévoilée*, cet ouvrage n'avait attiré que peu d'attention, et ce fut M. Sinnett, qui le premier mit cet enseignement à la portée des lecteurs occidentaux dans ses deux livres : le *Monde occulte* et le *Bouddhisme ésotérique*.

Ce fut par l'intermédiaire de ces ouvrages que je connus d'abord leur auteur et ensuite Mme Blavatsky elle-même. Je leur fus redevable d'un grand nombre de connaissances nouvelles. Lorsque je demandais à Mme Blavatsky comment on pouvait s'instruire davantage et réaliser des progrès définis sur le Sentier qu'elle nous traçait, elle me répondit qu'il était possible que d'autres étudiants puissent être acceptés comme disciples par les grands Maîtres, ainsi qu'elle l'avait été elle-même, et qu'un travail sincère et altruiste était le moyen de s'en montrer digne. Elle nous déclara que pour atteindre ce but un homme doit être absolument exclusif dans sa résolution, que celui qui tenterait de servir à la fois Dieu et Mammon ne pourrait jamais conserver aucune chance de réussite. L'un de ces Maîtres lui-même a dit :

"Afin de réussir, un élève doit abandonner son monde et venir dans le nôtre."

Ceci signifie qu'il doit cesser d'appartenir à la majorité de gens qui ne vivent qu'en vue de la fortune et du pouvoir, et qu'il doit se joindre à la toute petite minorité pour laquelle ces choses n'ont point d'attrait, et dont le seul but dans la vie consiste à se dévouer à l'humanité avec une entière abnégation. Elle nous avertit nettement que la voie était difficile à suivre, que nous serions méconnus et calomniés par ceux qui appartiennent encore au monde, que notre tâche serait d'ailleurs des plus ingrates et que bien que le résultat fût certain, nul ne pouvait prédire le temps qu'il faudrait pour l'atteindre. Quelques-uns d'entre nous acceptèrent ces conditions avec joie et nous n'avons jamais un instant regretté cette décision.

Après quelques années de travail, j'eus le privilège d'entrer en contact avec ces Grands Maîtres de la Sagesse; ils m'instruisirent sur un grand nombre de sujets et m'apprirent comment je pouvais vérifier consciemment par moi-même la plupart des enseignements qu'ils avaient donnés, de sorte que, lorsqu'il s'agit de ces questions, j'écris d'après ce que je sais et ce que j'ai vu par moi-même. Certaines déclarations que l'on rencontre dans leur enseignement demanderaient, afin de contrôler leur authenticité, des pouvoirs qui sont très au-dessus de ceux que j'ai pu acquérir jusqu'ici. Toutefois, de celles-ci je puis dire qu'elles sont compatibles avec ce que je sais, et dans bien des cas, qu'elles sont nécessaires comme hypothèses pour expliquer ce que j'ai vu. Ces enseignements me furent donnés, ainsi que tout le reste du système théosophique, sur la foi de ces grands Instructeurs. Depuis lors, j'ai appris à examiner par moi-même la grande majorité des instructions qui me furent données, et j'ai trouvé qu'elles étaient correctes en tous points ; je suis donc en droit d'admettre que celles qui échappent encore à mon examen seront tout aussi exactes que les précédentes, lorsque je serai à même de les vérifier. L'honneur d'être accepté comme disciple de l'un des Maîtres de la Sagesse est l'objectif que chaque étudiant théosophique sincère se propose d'atteindre ; mais cela implique l'idée d'un effort déterminé. Il a existé de tous temps des hommes prêts à faire cet effort et ayant ainsi acquis la véritable lumière. Cette connaissance est si transcendante que celui qui la possède devient plus qu'un humain : il dépasse toutes les limites connues. Mais, il y a des phases dans la possession de cette connaissance et nous pouvons, si nous le désirons, nous instruire à l'aide de ceux qui sont eux-mêmes en voie de progrès ; car tous les êtres se tiennent sur l'un ou l'autre des degrés de l'échelle de l'évolution. L'homme primitif se tient à la base de l'échelle ; nous qui sommes des êtres civilisés avons déjà gravi une partie du chemin. Mais quoique nous puissions regarder derrière nous et voir les échelons que nous avons déjà franchis, nous pouvons aussi en voir bien d'autres au-dessus de nous que nous n'avons pas encore atteints. L'étude de ces degrés nous explique comment l'homme les franchira dans l'avenir. Nous apprenons ainsi que l'ascension de cette échelle conduit à une gloire inimaginable et que tous nous y participerons un jour. Ceux qui sont très au-dessus de nous, si haut, qu'ils nous paraissent des dieux dans leurs connaissances et leurs pouvoirs merveilleux, nous disent qu'il n'y a pas longtemps, ils se sont tenus là où nous sommes maintenant, et nous indiquent clairement les degrés qui nous séparent encore, et que nous devons franchir, si nous voulons leur ressembler.

CHAPITRE III

LA FORMATION D'UN SYSTÈME SOLAIRE

Le commencement de l'univers (s'il y eut un commencement) est au-delà de toute conception humaine. Dès les temps historiques les plus reculés que nous puissions soumettre à nos investigations, nous voyons déjà en pleine activité deux grandes forces opposées : l'Esprit et la matière, la vie et la forme. L'opinion générale sur la matière mériterait d'être révisée. Ce que l'on appelle communément la force et la matière, n'est en réalité que le produit de deux manifestations différentes de l'Esprit pendant deux périodes d'évolution dissemblables, tandis que la matière véritable ou la base de toutes choses est encore inconnue. Un savant français disait récemment :

"Il n'y a pas de matière ; il n'existe que des trous dans l'éther."

Cette hypothèse est en accord avec la célèbre théorie du professeur Osborne Reynolds. Les recherches occultes démontrent que cette nouvelle conception de la matière est correcte et c'est même ainsi qu'elles nous éclairent sur l'idée qu'ont voulu exprimer les livres sacrés de l'Orient lorsqu'ils ont déclaré que la matière n'était qu'une illusion.

La racine de la matière élémentaire, telle que nous l'observons à notre degré d'évolution, ce que les savants appellent l'éther de l'espace [1]. Cet espace parait vide à nos sens physiques, cependant sa densité réelle dépasse tout ce que nous pouvons nous figurer. Elle a été définie par le professeur Reynolds comme étant dix mille fois supérieure à celle de l'eau et sa pression moyenne a été évaluée à sept cent cinquante mille tonnes par pouce carré.

Cette substance n'est perceptible qu'à un pouvoir de clairvoyance excessivement développé. Il nous est permis de supposer qu'à une certaine époque (quoique nous n'ayons sur celle-ci aucune connaissance directe), cette substance remplissait tout l'espace, et qu'un grand Être (non pas la divinité solaire, mais un Être infiniment supérieure à celui-là) modifia cet état de repos en

---

1 La description de cet éther se trouvera dans la *Chimie occulte* sous le nom de koïlon.

déversant son esprit ou force, dans une certaine section de cette matière, une section de la grandeur de tout un univers. L'introduction d'une telle force pourrait être comparée au souffle d'une respiration prodigieusement puissante. Elle forma dans l'éther un nombre incalculable de toutes petites bulles [2] sphériques, qui devinrent les atomes élémentaires dont est composée la matière que nous connaissons. Ces bulles ne sont pas les atomes des chimistes, ni même les atomes élémentaires du monde physique ; elles ne se rencontrent que sur les plans infiniment élevés, et, ce que nous appelons un atome se compose, ainsi que nous le verrons plus tard, de vastes agrégations de ces bulles.

Lorsque le Dieu solaire entreprit la création de son système, il trouva cette substance prête à être utilisée — cette masse infinie de toutes petites bulles qui étaient susceptibles d'être façonnées en différentes espèces de matières. Il traça tout d'abord la limite de son champ d'activité — vaste sphère dont la circonférence devait excéder de beaucoup l'orbite de ses futures planètes les plus éloignées. Dans les limites de cette sphère il mit en mouvement un tourbillon gigantesque qui balaya et

---

[2] Ces bulles ont été décrites dans la *Doctrine secrète* comme les trous que Fohat creuse dans l'espace.

réunit toutes les bulles en une vaste masse centrale : la substance de la nébuleuse qui naîtrait un jour.

Rassemblant les bulles en des agrégats de plus en plus complexes, il envoya dans cette masse tourbillonnante des impulsions successives de force et produisit ainsi sept mondes gigantesques et concentriques, composés de matière ayant différents degrés de densité, et se pénétrant l'un l'autre.

Agissant par l'intermédiaire de son troisième aspect, il émit la première impulsion. Ce fait activa dans la sphère entière un nombre incalculable de tourbillons minuscules, qui attirèrent respectivement quarante-neuf bulles, et leur donnèrent une disposition spéciale. Ces petits groupements de bulles formèrent les atomes du second monde. Un certain nombre d'entre eux, cependant, furent laissés dans un état dissocié, et devinrent ainsi les atomes du premier monde ou plan supérieur. En temps voulu la seconde impulsion fut envoyée, et elle s'empara de presque toutes les quarante-neuf bulles-atomes (n'en abandonnant qu'une quantité suffisante pour former les atomes du second monde), les attira en elle-même et puis les rejetant à nouveau au dehors, mit en mouvement des tourbillons dont chacun d'eux contenait 2 401 bulles (49²). Ceux-ci devinrent les atomes du troisième monde. Après un nouveau laps de temps vint une troisième impulsion, qui, de la même façon, s'empara de ces 2 401 bulles-atomes, les ramena encore une fois à leur forme primitive, et de nouveau les rejeta au dehors. Ce furent les atomes du quatrième monde — chacun d'eux contenant cette fois 493 bulles. Ce processus fut renouvelé jusqu'à ce que la sixième de ces impulsions successives ait formé l'atome du septième monde, ou plan inférieur — cet atome contenant 496 des bulles originales.

L'atome du septième monde est l'atome élémentaire du monde physique — il ne représente aucun des atomes dont parlent les chimistes, mais celui dont sont composés tous les leurs. Nous sommes enfin parvenus à ce stade, à la condition dans laquelle la vaste sphère tourbillonnante contient en elle-même sept types de matière, identiques dans leur essence, car tous sont formés des mêmes espèces de bulles, mais offrant divers degrés de densité. Tous ces types s'entremêlent librement, et l'on pourrait rencontrer des spécimens de chacun d'eux, dans une petite fraction quelconque de la sphère, sans négliger de considérer, toutefois, la tendance centrifuge dont sont doués les atomes les plus lourds.

La septième impulsion, envoyée par le troisième aspect de la Divinité, ne ramena pas à l'état de bulles dissociées primitives, ainsi que l'avait fait les impulsions précédentes, les atomes physiques créés en dernier lieu ; elles les rassembla au contraire en certaines agrégations formant ainsi un nombre de différentes variétés d'éléments que l'on pourrait intituler proto-éléments et ceux-ci, à leur tour, furent assemblés, en formes variées, connues par la science sous le nom d'éléments chimiques. La création de ceux-ci s'étendit pendant une longue période d'âge, et grâce à l'action combinée de plusieurs forces, ils furent constitués selon un certain ordre déterminé, ainsi que l'indique avec raison l'article de Sir William Crookes sur la Genèse des éléments. En vérité, le processus de leur création n'a pas reçu de conclusion finale ; l'uranium est le plus lourd et le dernier élément que l'on ait découvert jusqu'ici, mais il est possible que d'autres éléments plus complexes encore soient produits dans l'avenir.

La condensation augmenta avec les âges et la vaste nébuleuse s'embrasa. Tout en tourbillonnant toujours rapidement, elle s'aplatit en se refroidissant, prit la forme d'un disque immense, et se divisa graduellement en anneaux entourant un corps central — disposition que nous trouvons reproduite, sur une bien plus petite échelle, dans l'état actuel de Saturne. Lorsque des planètes furent alors reconnues nécessaires pour servir de champ d'évolution, la Divinité souleva, dans un point compris dans l'épaisseur de chaque cercle, un tourbillon subsidiaire, dans lequel fut rassemblée par degrés une partie de la matière de l'anneau. La collision de ces fragments réunis occasionna un renouvellement de chaleur, et la planète qui en résulta fut, pendant longtemps, une masse de gaz enflammés. Peu à peu, elle se refroidit encore une fois, jusqu'à ce qu'elle fût propre à servir de théâtre à une vie semblable à la nôtre. Ainsi naquirent, toutes les planètes.

La matière presque totale de ces mondes qui s'interpénétraient les uns les autres, fut alors concentrée dans, les planètes nouvellement formées. Chacune d'elles se compose encore de toutes les différentes variétés de matière. La terre sur laquelle, nous vivons à présent n'est pas uniquement une sphère énorme de matière physique, formée d'atomes appartenant au monde le moins élevé, elle s'est également approprié une abondante provision de matières provenant du sixième, du cinquième, du quatrième et de tous les autres mondes. Aucun étudiant en science n'ignore que les particules de la matière ne se touchent jamais l'une l'autre, même dans les substances les plus dures. L'espace compris entre ces particules est en proportion toujours bien plus grand — même démesurément plus étendu que leur dimension respective. Les atomes des autres mondes ont donc, non seulement largement la place de se caser entre les atomes de la matière physique, mais ils peuvent encore se mouvoir très librement au milieu de ceux-ci. Le globe sur lequel nous vivons n'est pas en conséquence le produit d'un seul monde, mais celui de sept mondes se pénétrant, occupant tous le même espace. N'oublions pas toutefois la tendance générale qui détermine les types de matière subtile à s'éloigner du centre, contrairement à la matière dense.

Nous avons donné des noms à ces mondes, afin qu'il soit plus aisé de les reconnaître. Aucune appellation ne s'impose pour désigner le premier, car l'homme jusqu'à présent, n'est pas encore en rapport direct avec celui-ci. Lorsqu'il devient nécessaire ; cependant de le mentionner, on peut l'appeler le émonde divin. Le second a été intitulé le monde monadique car en celui-ci résident les étincelles de la vie divine que nous appelons les monades humaines ; mais aucun de ces deux mondes n'a pu être examiné, même par les investigations clairvoyantes les plus élevées que nous puissions entreprendre jusqu'à présent. La troisième sphère, dont les atomes contenaient 2 401 bulles, a été appelée monde spirituel. L'esprit supérieur de l'homme, tel qu'il est constitué maintenant, se trouve sur ce plan. Le quatrième est le monde de l'intuition [3], d'où proviennent les institutions les plus élevées. Le cinquième est

---

3 Appelé précédemment plan bouddhique dans la littérature théosophique.

le monde mental, le domaine de la pensée humaine. Le sixième ou le monde astral a été également baptisé du nom de monde émotionnel, car les émotions produisent des vibrations dans sa matière. Celle-ci parait étoilée et brillante, si nous la comparons à la matière physique, et cette propriété lui valut, de la part des alchimistes du moyen âge, son surnom d'astral. Le septième monde, composé du type de matière qui nous est visible, est appelé monde physique.

La matière qui forme ces mondes et donc essentiellement identique, mais elle est disposée différemment, et offre divers degrés de densité. Il en résulte que le mode normal de vibration de ces divers types de matière diffère en conséquence. Ils peuvent être considérés comme une vaste gamme d'ondulations, comprenant de nombreuses octaves. La matière physique emploie un certain nombre d'octaves inférieures ; la matière astrale utilise un autre groupe d'octaves qui se trouvent immédiatement au-dessus de ces dernières ; la matière mentale se sert d'un groupe plus élevé, et ainsi de suite.

Ces mondes ont non seulement un type de matière qui leur est propre, mais chacun d'eux possède, en outre, ses substances appropriées et son groupe d'agrégations particulières. Nous divisons les substances de chaque monde en sept classes, selon le mode vibratoire de leurs molécules respectives. En général, l'oscillation plus lente implique une plus lourde molécule — la résultante d'une disposition spéciale des plus petites molécules de la subdivision supérieure suivante. Ce cas n'est pas toujours absolu. L'application de la chaleur accroît la dimension des molécules, active et amplifie leurs ondes ; elles occupent ainsi plus d'espace et atteignent en se dilatant le degré dans lequel l'agrégation des molécules est rompue, ce qui leur permet de passer d'un état à celui qui se trouve immédiatement au-dessus. Les subdivisions du monde physique sont représentées par sept degrés de densité de matière, auxquels nous donnons en partant de bas en haut les noms de : solide, liquide, gazeux, éthérique, sus-éthérique, sous-atomique et atomique.

Les formes appartenant à la subdivision atomique résultent de la compression des atomes physiques en certaines configurations, sans que ces atomes aient été préalablement rassemblés en blocs ou en molécules. Si nous symbolisions l'atome physique ultime par une brique, nous obtiendrons une molécule quelconque de la subdivision atomique, en assemblant quelques-unes de ces briques et en leur donnant des formes particulières. Si nous voulions alors fabriquer de la matière appartenant à la subdivision immédiatement au-dessous (ou subdivision sous-atomique), il faudrait réunir et cimenter un certain nombre de briques (atomes), en petits groupes de, par exemple, quatre, cinq, six ou sept briques chaque : ces blocs seraient utilisés comme pierres à bâtir. Plusieurs de ces blocs réunis et cimentés formeraient, à leur tour, les pierres à bâtir de la substance sus-éthérique, et ainsi de suite, jusqu'à la dernière subdivision.

Lorsqu'on fait passer une substance quelconque de l'état solide à l'état liquide (c'est-à-dire en la faisant fondre), on accroît la vibration de ses molécules composées en détruisant leur cohésion : elles reviennent alors à l'état de molécules simples qui servirent à leur propre construction. Cette expérience peut être renouvelée indéfiniment, et toute substance terrestre quelle qu'elle soit, peut être réduite, à l'atome ultime du plan physique.

Chacun de ces mondes possède des habitants dont les sens ne sont normalement capables d'enregistrer que les oscillations de la matière appartenant au monde qui leur est propre. Un être, habitant (comme nous le faisons tous) le monde physique, voit, entend, sent, grâce aux vibrations qui sont en rapport avec la matière physique environnante est également entouré des mondes astral, mental, etc., qui le pénètrent de part et d'autre, mais il est normalement inconscient de ceux-ci, parce que ses sens ne peuvent pas répondre aux oscillations respectives de leur matière. C'est ainsi que nos yeux physiques ne sont pas impressionnés par les vibrations de la lumière ultraviolette ; pourtant, il est scientifiquement prouvé qu'elles existent ; et d'autres êtres conscients, munis d'organes différents des nôtres, peuvent voir au moyen de ces vibrations. Un homme vivant dans le monde astral pourrait occuper exactement le même espace qu'un habitant du plan physique, cependant, ils seraient tous deux absolument inconscients l'un de l'autre et n'entraveraient réciproquement en aucune façon leur liberté de mouvement. Il en est de même des autres mondes. Pour conclure nous sommes donc en ce moment enveloppés par des sphères de matière subtile, qui sont aussi rapprochées de nous que le monde qui nous est visible, et leurs habitants nous entourent et passent à travers notre corps, quoique nous soyons absolument inconscients de leur existence.

Puisque notre évolution est à présent centrée sur le globe que nous appelons la Terre, nous ne parlerons des mondes supérieurs que dans leurs rapports avec notre planète, et lorsque j'emploierai dans l'avenir le terme "monde astral", je désignerai par cette appellation la partie astrale de notre globe, et non pas, (ainsi que je l'avais fait précédemment) la partie astrale de tout le système solaire. Le globe astral de notre planète occupe le même espace que notre sphère physique, mais sa matière (vu sa fluidité) s'étend beaucoup plus loin du centre que ne le fait l'atmosphère terrestre. Elle s'étend presque jusqu'à la distance moyenne de la terre à la lune, et bien les deux globes physiques soient séparés par 240 000 milles [4], les globes astrals de ces deux corps se touchent lorsque la lune est au périgée, mais non pas lorsqu'elle est à l'apogée. Je donnerai l'appellation de "monde mental" au globe plus volumineux encore de matière mentale, au milieu duquel se trouve notre terre physique. Nous rencontrons enfin, lorsque nous nous mettons en rapport, avec les plans supérieurs, des sphères dont la circonférence, atteint des dimensions leur permettant de toucher la circonférence correspondante d'autres planètes de notre système. Cette disposition particulière ne s'oppose en aucune façon, à la présence de leur matière respective sur la surface de la terre solide, mais dans la même proportion que sur celles des autres. Ces globes de matière fluidique représentent donc une partie intégrante de nous-mêmes et évoluent autour du soleil avec leurs mondes visibles. L'étudiant fera bien, lorsqu'il concentrera sa pensée sur notre terre, de songer, non pas à la sphère relativement minime de matière physique qui se trouve au centre, mais à la masse totale de ces mondes s'interpénétrant les uns les autres.

---

4   La distance moyenne de la lune est de 384 000 kilomètres ou 96 000 lieues de 4 kilomètres.

CHAPITRE IV

L'ÉVOLUTION DE LA VIE

Les ondes vitales qui formèrent les mondes que je viens de décrire, sont l'œuvre du Troisième Aspect de la Divinité, d'où le titre de "Celui qui donne la vie", l'Esprit qui couvait au-dessus des eaux de l'espace ; que nous rencontrons dans les textes chrétiens. Dans la littérature théosophique, ces ondes sont généralement considérées dans leur ensemble et constituent ce que l'on appelle la première vague de vie.

Lorsque les mondes eurent évolué jusqu'à ce degré et que la plupart des éléments chimique furent crées, la seconde émission de vie fut envoyée par le second Aspect de la Divinité. Elle apporta avec elle le pouvoir de combinaison et s'efforça d'associer les éléments qui existaient à l'état embryonnaire dans chaque monde en les modelant en formes, auxquelles elle donna ensuite une âme. C'est ainsi que naquirent les sept règnes de la nature reconnus par la Théosophie, car celle-ci sépare le règne humain du règne animal, et prend en considération plusieurs stades d'évolution, invisibles à l'oeil physique, et leur donne le nom générique de "règnes élémentals".

La vie divine se déverse d'en haut dans la matière et son cours entier peut être divisé en deux étapes : elle commence par se revêtir de matière de plus en plus dense ; puis elle se dégage par degrés des enveloppes qu'elle s'était données. Le monde mental, ou le cinquième plan, si nous allons du plus subtil au plus grossier, est le premier niveau sur lequel nous puissions observer scientifiquement les véhicules divins, et sur lequel nous trouvions des globes séparés. Pour faciliter cette étude, il est donc plus simple de diviser ce plan en deux parties que nous appelons le mental supérieur et le mental inférieur, selon la densité de matière qui s'y rencontre. Le monde supérieur comprend les trois subdivisions subtiles de matière mentale, et le monde inférieur comprend les quatre subdivisions plus denses.

Lorsque la vie divine fut descendue jusqu'au mental supérieur, elle associa les éléments éthérés qui s'y trouvaient déjà en ce que l'on peut, à ce niveau, appeler les substances, et avec ces substances produisit des formes qu'elle habita. C'est ce que nous appelons le premier règne élémental.

Après une longue période évolutive dans les diverses formes du monde mental supérieur, la vague de vie, dont la tendance consistait à descendre davantage dans la matière, apprit à s'identifier si complètement avec ces formes, qu'elle fut capable de se les conserver d'une façon permanente, et de se les approprier périodiquement après chaque incarnation. Elle put ainsi occuper temporairement les formes appartenant à un niveau moins élevés. La vague de vie, dont l'âme réside maintenant sur le plan mental supérieur, tandis que les véhicules au travers desquels elle se manifeste se trouvent sur le plan mental inférieur, prend à ce stade le nom de second règne élémental.

Après un nouveau séjour d'une période équivalente à la précédente, la vague de vie s'identifia une fois encore avec les formes qu'elle occupait et fixa sa résidence sur le niveau du mental inférieur. Elle put ainsi se servir de véhicules appartenant au monde astral et reçut l'appellation de troisième règne élémental.

Bien que ces formes soient relativement plus ou moins épurées, elles sont toutefois sans exception infiniment plus subtiles que toutes celles que nous connaissions sur le plan physique. Chacun des règnes élémentals représente un règne de la nature dont les manifestations de vie offrent entre elles des différences aussi radicales que notre règne animal et végétal.

Après s'être identifiée tout à tour pendant une nouvelle période avec chacune des formes appartenant au troisième règne élémental, la vague anima la partie éthérique du règne minéral et vivifia celui-ci — d'ailleurs ce règne est tout aussi doué de vitalité que les autres, bien que son expression n'en soit que très partielle. Grâce à la pression descendante, la vie divine s'identifia enfin avec les subdivisions éthériques du monde physique et occupa la matière grossière des minéraux qui est perceptible à nos sens.

Nous englobons dans le règne minéral non seulement tous les minéraux, mais aussi des liquides, des gaz et un grand nombre de substances éthériques dont l'existence est ignorée de la science occidentale. Toute matière est douée de vie en voie d'évolution progressive. Lorsque la vague de vie est parvenue au point central du stade minéral, la pression descendante se trouve remplacée par une tendance ascendante : l'expir est achevé et le moment de s'annonce enfin.

Après avoir parcouru tous les degrés du règne minéral, la vie divine s'établit de nouveau sur le plan astral, rapportant avec elle cette fois le fruit de ses expériences physiques. Elle anima de là les formes végétales et put exprimer plus distinctement pendant cette évolution les propriétés vitales dont elle était pourvue et que nous rencontrons dans la vie végétale de toute espèce. Lorsqu'elle eut achevé cette nouvelle phase de son développement, elle abandonna le règne végétal et anima les formes animales. Elle se retira davantage alors du monde physique et s'établit sur le plan mental inférieur, mais afin de pouvoir agir directement sur la matière dense elle dut se servir de la matière astrale intermédiaire. Celle-ci n'est plus dans ce cas l'expression d'une âme-groupe collective, mais devient, ainsi que je le démontrerai plus tard, le corps astral individuel d'un animal quelconque.

La vague de vie séjourne non seulement pendant un temps qui nous parait illimité dans chaque règne, mais elle s'achemine à travers un cours d'évolution déterminé, en partant des manifestations les plus grossières d'un règne, pour aboutir aux plus élevées. Au début de la période végétale, par exemple, la force vitale vivifierait l'herbe et la mousse et deviendrait dans la suite l'âme de superbes arbres forestiers. S'il s'agissait du règne animal, elle vivifierait d'abord des moustiques ou des animalcules quelconques et animerait enfin les plus beaux spécimens de mammifères.

Ce processus est celui de l'évolution progressive et régulière des formes inférieures ou simples, aux formes supérieures ou complexes. Ce qui évolue principalement toutefois, ce n'est pas la forme, mais la vie qu'elle renferme. Les formes se perfectionnent aussi, mais dans le but exclusif de produire, des véhicules appropriés à des vagues de vie de plus en plus développées. Après avoir franchi le niveau le plus élevé du règne animal, la vie divine peut enfin faire son apparition dans le règne humain, sous l'influence de certaines conditions que j'expliquerai tout à l'heure.

La vague de vie abandonne un règne pour passer à un autre, et si n'avions à nous occuper que d'une seule onde de cette vague, il n'existerait qu'un seul règne à la fois. Mais la Divinité émet une succession constante de ces vagues de vie et un certain nombre de celles-ci entrent simultanément en action. Nous représentons nous-mêmes l'une d'elles et nous voyons évoluer à nos côtés une autre vague qui représente le règne animal — vague émise par la Divinité à un stade ultérieur à celui du règne humain. Le règne végétal représente une troisième vague, le règne minéral une quatrième, et les occultistes reconnaissent autour de nous l'existence de trois règnes élémentals qui symbolisent la cinquième, sixième et septième vague : celle du second aspect de la Divinité.

Nous avons donc sous les yeux un plan de l'évolution dans lequel nous voyons la Vie divine se matérialiser de plus en plus profondément, afin de ressentir certaines vibrations qui ne sauraient l'affecter sans le concours de la matière. Ces impulsions étrangères éveillent peu à peu en elle une vitesse d'oscillation correspondante. Plus tard, elle sera en mesure de les reproduire elle-même par sa propre force, et deviendra ainsi un être investi de pouvoirs spirituels. Nous avons tout lieu de croire que l'émission de vie fut probablement de nature homogène lorsqu'elle sortit primitivement de la Divinité, à un niveau qui dépasse la conception humaine. Lorsqu'elle se manifeste tout d'abord dans le champ de nos connaissances, c'est-à-dire lorsqu'elle s'est établie dans le monde de l'intuition et qu'elle anime de là les corps formés de la matière du mental supérieur, elle ne présente déjà plus l'aspect d'une seule âme immense ; elle s'est divisée en un grand nombre d'âmes distinctes. Imaginons un instant une échelle ; à l'une de ses extrémités nous voyons une émission homogène ; à l'autre extrémité la grande âme s'est séparée, à l'entrée du stade humain, en des millions d'âmes relativement minuscules, appartenant à autant d'hommes individualisés. Si nous examinions l'un des degrés quelconques de cette échelle, nous trouverions un état intermédiaire, c'est-à-dire : l'âme du monde déjà sectionnée, mais n'ayant pas encore atteint la mesure totale des subdivisions qui lui sont réservées dans l'avenir.

Ce qui distingue l'homme des animaux et des végétaux, c'est que lui seul est vraiment une âme. Chez l'homme, cette âme ne peut se manifester qu'à travers un seul corps à la fois dans le monde physique ; tandis que chez l'animal et chez la plante, l'âme revêt simultanément plusieurs corps différents. De plus, quand l'homme abandonne son corps physique, il demeure à l'état d'entité distincte séparée des autres, et cet état est permanent. Au contraire, quand un lion meurt, ce qui a été son âme propre est restitué à la masse d'où elle provenait et qui avait en même temps fourni des âmes à beaucoup d'autres lions. Cette masse, nous l'avons désignée sous le nom d'âmes-groupe.

Supposons qu'à cette âme-groupe se rattache une centaine de corps appartenant au genre lion. Il est évident que chacun de ces corps recevra la centième partie de l'âme groupe, et la retiendra pendant toute la durée de son existence. Ce lion apparaîtra parfaitement distinct de ses semblables, et, de même que l'homme, il pourra être considéré comme un individu. En réalité, son individualité n'est pas permanente. Après la mort, son âme reflue, comme nous l'avons déjà dit, dans l'âme groupe. De plus, lorsqu'elle s'en trouvera séparée de nouveau, elle ne sera pas identiquement semblable à ce qu'elle était en premier lieu.

Une comparaison fera peut-être mieux comprendre ce qui précède. Imaginez l'âme groupe représentée par l'eau contenue dans un récipient quelconque, un seau, par exemple, et les cent corps appartenant à des lions, par cent verres. Chacun des verres plongés dans le seau en ressort plein de liquide. Ce liquide figure l'âme séparée. Il prend la forme du vase qui la contient, et il se trouve temporairement séparé à la fois de l'eau contenue dans le seau, et de celle qui se trouve dans les autres verres.

Supposez maintenant que l'on introduise dans chacun des verres une matière colorante, ou un arôme quelconque, mais différent. On aura représenté ainsi les qualités particulières acquises par l'âme distincte du lion pendant sa période de vie. Que l'on reverse enfin le liquide du verre dans le récipient, et on aura symbolisé la mort du loin. Remarquons, de suite, que les molécules de ce liquide se mélangent au reste de l'eau contenue dans le récipient. La matière colorante ou l'arôme qu'il renfermait, se trouvent répandus dans la masse entière et celle-ci prend alors une coloration plus faible ou une saveur moins prononcée que les siennes. Il en est de même des qualités acquises, grâce à l'expérience, par l'âme d'un seul lion. Une fois déversées dans l'âme groupe, elles sont réparties dans toute sa masse, mais à un degré de moindre "saturation".

Il est aisé de concevoir que l'eau qu'on reprendrait dans ce récipient ne serait pas identiquement semblable à celle qui s'y trouvait d'abord. Elle conserverait néanmoins des traces ou de la coloration, ou de la saveur particulière à chacun des liquides qu'on y a reversés. C'est ainsi que les qualités acquises par l'expérience d'un seul lion deviennent la propriété commune à tous les lions destinés à naître de la même âme-groupe, la valeur de ces qualités s'y trouvant toutefois plus faible que chez l'individu qui les avait développées.

Tout ceci explique assez clairement l'hérédité des instincts. Nous comprendrons dès lors que le caneton couvé par la poule soit attiré vers l'eau et nage de lui-même ; que le poulet, au sortir de l'œuf, se cache et se blottisse dès qu'il aperçoit l'ombre d'un faucon ; enfin que l'oiseau couvé artificiellement, sans avoir jamais vu de nid, s'en bâtisse un conforme aux traditions de son espèce.

Au bas de l'échelle animale, on trouve, se rattachant à une seule âme-groupe, des quantités incalculables de corps. Mais à mesure que l'on en gravit les degrés le nombre des corps rattachés à une seule âme-groupe devient de plus en plus restreint. Il en résulte des différences plus marquées entre les individus. Les âmes-groupes peuvent se sectionner. Revenons, pour le mieux saisir, à la comparaison du seau. À mesure que les verres ont successivement puisé l'eau contenue dans le seau, puis restitué celle qu'ils renfermaient, la masse de l'eau acquiert une coloration de plus en plus foncée. Supposons qu'à ce moment, petit à petit, se forme une espèce de membrane verticale partageant en deux le volume intérieur de l'eau. Supposons aussi que, chaque fois qu'on puise un verre d'eau dans une de ces moitiés, on le lui restitue en propre. Il arrivera un moment où le liquide qui se trouve dans un de ces deux parties du seau manifestera une différence marquée avec celui que contient l'autre. En fait, nous pouvons dire que nous avons deux seaux distincts. C'est précisément un phénomène analogue que présente l'âme-groupe. Elle se divise en deux comme la cellule, par une véritable segmentation. À mesure que le progrès s'accentue, les âmes-groupes deviennent de plus en plus petites, en même temps que plus nombreuses. Au terme le plus élevé apparaît enfin l'homme, avec son âme individuelle, séparée pour jamais de tout groupement d'âmes, quel qu'il soit. Chacune des vagues de vie vivifie un règne tout entier. Les âmes-groupes, néanmoins, ne s'incarnent pas nécessairement dans les différents organismes qui se rattachent à ce règne, depuis le plus élémentaire jusqu'au plus perfectionné. Voici, je suppose, une âme-groupe qui, dans le règne végétal, par exemple, a fourni des âmes à plusieurs arbres forestiers. Arrivé à un certain degré de son évolution, cette âme-groupe est assez perfectionnée pour passer au règne animal. Laissant de côté les organismes inférieurs, insectes et reptiles, on peut dire approximativement qu'elle entrera tout de suite dans la vie animale au niveau des mammifères inférieurs. On peut admettre par le même raisonnement que les insectes et les reptiles appartiennent à des âmes-groupes qui, pour une raison quelconque, ont dû quitter le règne végétal à un niveau certainement inférieur. De même l'âme-groupe, arrivée au degré de perfectionnement le plus élevé dans le règne animal, ne s'individualisera pas dans les corps de sauvages, mais dans ceux d'hommes appartenant à un type un peu plus évolué. Les âmes des sauvages proviennent d'âmes groupes qui ont abandonné le règne animal à un niveau inférieur.

L'ensemble des âmes-groupes peut se diviser en sept grands types selon le Ministre de la Divinité, par l'intermédiaire duquel leur vie a été répandue. On peut facilement distinguer ces types dans les grands règnes de la nature, et dans leurs subdivisions. De la série ininterrompue de leurs espèces, depuis les animaux, les végétaux, jusqu'aux minéraux et dernières variétés de créatures "élémentales", on peut former sept groupes principaux, totalement distincts les uns des autres, à tel point que le souffle de vie qui a passé sur un de ces groupes ne se dirigera jamais sur aucun autre.

On n'a pas encore dressé de liste détaillée des animaux, végétaux et minéraux envisagés à ce point de vue. Mais il est incontestable que la vie qui passe sur l'âme d'un minéral, par exemple, ne peut vivifier en même temps celle d'un autre minéral appartenant à un type différent du sien, bien qu'elle puisse varier dans le champ de son propre type. Il en est de même chez les végétaux et chez les animaux. Enfin, lorsqu'éventuellement elle atteindra l'humanité, elle s'individualisera exclusivement dans les hommes d'un type particulier.

La méthode d'individualisation consiste à élever l'âme d'un animal à un niveau tellement supérieur à celui qu'a atteint son âme-groupe, qu'il lui soit impossible de retourner à celle-ci. Ce n'est toutefois qu'avec certains animaux, ceux dont le cerveau est parvenu à un degré déjà avancé de développement, qu'on peut obtenir un pareil résultat. En général, il faut amener l'animal en contact direct avec l'homme. L'individualisation n'est donc possible que pour les animaux domestiques, et encore, pas pour toutes les espèces. À la tête de chacun des sept types, dont nous avons parlé tout à l'heure, se trouve un spécimen d'animal domestique. Le chien en est un ; le chat, un autre ; l'éléphant, un troisième ; le singe, un quatrième ; etc. Tous les autres animaux pourraient figurer sur sept lignes aboutissant aux sept animaux-types. Par exemple, le renard, le loup se trouveraient sur la même ligne que le chien, tandis que le lion, le tigre et le léopard se placeraient à la suite du chat. En conséquence, l'âme groupe qui animait les cent lions dont nous avons déjà fait mention, pourrait, se diviser, par exemple, en cinq âmes-groupes, animant chacune vingt chats.

La vague de vie persiste longtemps dans chaque règne. Or, nous n'avons encore atteint jusqu'à présent qu'un peu plus de la moitié d'un tel éon. Donc, les conditions actuelles ne sont pas favorables à l'accomplissement de cette individualisation, qui ne doit être atteinte normalement qu'à la fin d'une période d'évolution. On observe néanmoins, mais rarement, quelques cas d'individualisation chez des animaux très supérieurs à la moyenne, qui ont pu se perfectionner, grâce à leur intimité avec l'homme. L'animal, s'il est traité avec douceur, fait preuve vis-à-vis de son maître d'une affection dévouée, et il est certain que les efforts qu'il fait pour comprendre ce maître, et pour prévenir ses désirs, développent son intelligence. De plus, les émotions et les pensées de l'homme agissent constamment sur l'animal et tendent à élever ses facultés émotives en même temps que ses facultés intellectuelles. Sous l'influence de circonstances favorables, ce développement peut élever l'animal à un tel degré de perfection, qu'il abandonne le groupe auquel il appartient. Son fragment d'âme groupe devient alors capable de répondre à l'émission du premier Aspect de la Divinité.

Car cette émission finale ne ressemble en rien aux autres. Elle n'est pas un puissant torrent qui affecte simultanément des millions et des millions d'êtres. Elle s'adresse en particulier à chacun de ceux qui sont en état de la recevoir. Elle se trouve actuellement au niveau du monde de l'intuition ; mais jamais elle ne dépasse cette limite. Il faut que le pas ascendant soit fait d'en bas par l'âme de l'animal. À ce moment, cette troisième émission de la Divinité descend à sa rencontre, et alors se trouve formé, dans le monde mental supérieur, un "égo", une individualité permanente. Remarquons en passant que cette individualité de l'homme a toutefois un terme : "l'unité divine d'où elle émane", qui est le suprême acte de son évolution. Dans la formation de l' "égo", le fragment d'âme groupe, qui jusqu'à présent jouait le rôle d'une âme, devient à son tour un véhicule et se trouve animé par l'Étincelle divine descendue en lui. Cette Étincelle peut être considérée comme ayant plané dans le monde monadique, au-dessus de l'âme groupe, pendant toute la durée de son évolution précédente. C'est seulement lorsque le fragment qui lui correspond s'est suffisamment développé, qu'elle a pu opérer sa jonction avec lui.

La rupture avec le reste de l'âme groupe et la formation d'un "égo" séparé, telle est la marque distinctive entre l'animal supérieur et l'homme inférieur.

CHAPITRE V

CONSTITUTION DE L'HOMME

L'homme est donc, en essence, une Étincelle du Feu divin, appartenant au monde monadique [5]. Nous donnerons désormais à cette Étincelle le nom de "Monade". Pour les fins de l'évolution humaine, la Monade se manifeste dans les mondes inférieurs. Lorsqu'elle change de stade et pénètre dans le monde spirituel, elle se présente sous la forme d'un Esprit triple ayant trois aspects différents (la Divinité possède de même trois aspects différents dans des mondes infiniment plus élevés). Le premier de ces aspects, que nous appelons "l'Esprit chez l'homme", demeure tou-

---

5   La Présidente de la Société Théosophique a choisi, pour désigner les divers plans, une série de noms, qui, dorénavant, devront remplacer, non seulement les appellations qui étaient auparavant en usage, mais aussi celles qui se trouvent inscrites dans le 2e volume, l'Occultisme dans la nature. Le petit tableau qui suit donne la liste des anciennes et des nouvelles dénominations.

jours dans le monde monadique. C'est dans ce monde de l'intuition que se manifeste le second aspect: "l'Intuition chez l'homme". Quant au troisième auquel nous avons donné le nom de "l'Intelligence chez l'homme", il se montre dans le monde mental supérieur. Considérés dans leur ensemble, ces trois aspects constituent l' "égo" qui est l'âme du fragment d'âme groupe. Ainsi l'homme qui est bien en réalité une Monade résidant dans le monde monadique, existe en même temps dans le monde mental supérieur, comme un "égo", et manifeste ces trois aspects de lui-même (Esprit, Intuition, Intelligence) au moyen d'un "véhicule" de matière mentale supérieure, que nous avons désigné sous le nom de "Corps causal".

Nouvelles dénominations	Anciennes dénominations
1. Monde Divin	Plan Adi
2. Monde Monadique	Plan Anupakada
3. Monde Spirituel	Plan Atmique ou Nirvânique
4. Monde de l'Intuition	Plan Bouddhique
5. Monde Mental	Plan Mental
6. Monde de l'Émotion ou Astral	Plan Astral
7. Monde Physique	Plan Physique

V. — CONSTITUTION DE L'HOMME

L'égo n'est donc autre que l'homme considéré pendant le stade de l'évolution humaine. La conception ordinaire et non scientifique que l'on se fait généralement de l'âme peut en donner une idée. Il ne subit aucune modification sauf dans son développement, et existe depuis le moment de l' "individualisation", jusqu'à celui où l'humanité est surpassée et transformée en divinité. La naissance et la mort ne l'affectent nullement, car ce que nous regardons comme sa vie, n'est qu'un jour de son existence. Le corps qui se voit, qui naît et qui meurt, c'est un vêtement dont il s'enveloppe pour les besoins d'une des phases de son évolution.

Et d'ailleurs, ce corps n'est pas le seul que l'égo revête. Avant de pouvoir prendre un véhicule appartenant au monde physique, il faut qu'il entre en relation avec ce dernier par l'intermédiaire du monde mental inférieur et du monde astral. S'il veut descendre, il attire autour de lui un voile de la matière dont est constitué le monde mental inférieur. C'est son "corps mental", instrument dont il se sert pour émettre ses pensées concrètes. Les pensées abstraites sont produites par l'égo lui-même dans le monde mental supérieur.

Il attire ensuite un voile de matière astrale, qui constitue son "corps astral", et qui préside à ses passions, à ses émotions, ainsi qu'à toute pensée empreinte d'égoïsme et de sensibilité personnelle. Mais dans ce dernier cas, le corps astral agit parallèlement avec la partie inférieure du corps mental. Ce n'est qu'après avoir revêtu ces différentes matières intermédiaires, que l'égo est capable d'entrer en contact avec son corps physique d'enfant et de faire son apparition dans le monde que nous connaissons. Il vit alors pendant un temps variable que l'on appelle son existence, acquérant certaines qualités qui résultent des expériences qu'il a pu faire. Et, à la fin de sa vie, lorsque le corps physique est usé, il renverse le processus au moyen duquel il était descendu, et abandonne, une à une, les matières temporaires qu'il s'était appropriées. Ce qu'il abandonne tout d'abord, c'est le corps physique. Sa vie se trouve alors centralisé dans le monde astral et il vit dans son corps astral.

La durée de son séjour dans ce corps, dépend de la somme de passions et d'émotions qu'il a développées en lui pendant sa vie physique. Si elles ont été violentes, le corps astral, fortement vitalisé, persistera longtemps; si, au contraire, elles ont été faibles, le corps astral aura moins de vitalité et l'égo, s'en débarrassera facilement pour ne plus garder que son corps mental. La force de ce dernier dépend de la nature des pensées auxquelles il s'est accoutumé. Son séjour sur le plan mental est généralement prolongé. Enfin, ce stade terminé, le corps mental est dépouillé à son tour. L'égo se retrouve alors dans le monde qui lui est propre.

Comme il n'a encore atteint dans ce monde qu'un développement partiel, il est peu conscient, et de même que les rayons ultraviolets ne sont pas perceptibles à nos yeux, à cause de leur rapidité, de même, les vibrations de la matière au sein de laquelle il évolue sont trop rapides pour l'impressionner. Après un temps de repos sur ce plan, il éprouve le désir de s'établir sur un niveau plus bas, où les ondes lui seront perceptibles, afin de se sentir vivre. Il répète donc le processus de descente dans la matière plus dense, et revêt à nouveau un corps mental, puis un corps astral, et enfin un corps physique. Ces nouveaux corps sont tout à fait distincts des corps antérieurs, ceux-ci s'étant complètement désagrégés les uns après les autres. En effet, bien que placé dans ce monde physique, c'est au moyen de son corps mental qu'il se souvient. Si donc nous observons que le corps mental est nouveau et qu'il a été revêtu uniquement pour l'Incarnation présente, nous comprendrons qu'il lui soit impossible de garder mémoire de ce qui s'est passé dans des vies antérieures auxquelles il ne prit aucune part. L'homme considéré en lui-même, l'égo se souvient pourtant de toutes ses vies quand il se trouve dans son propre monde, et parfois un souvenir partiel de ces vies, ou une influence qui en provient s'infiltre dans ses véhicules inférieurs. En sorte que si, en général, l'égo ne conserve pas dans sa vie physique, la mémoire des expériences faites au cours de ses premières vies, il y manifeste moins des qualités que ces expériences ont développées en lui. Chacun de nous est donc exactement ce qu'il s'est fait pendant ses vies passées. Si, au cours de celles-ci, il a acquis de bonnes qualités, actuellement il possède ces mêmes qualités. S'il négligea de s'exercer au bien, si, par conséquent, il resta faible, sujet aux tentations et incapable d'un effort pour y résister, sa vie présente s'en ressent et il y fait preuve de dispositions analogues. En résumé, les qualités bonnes ou mauvaises avec lesquelles il est né ne sont autres que celles qu'il s'est acquis à lui-même.

Le processus entier de descente dans la matière a pour objet le développement de l'égo. En effet, si celui-ci revêt les uns après les autres ces voiles de matière, c'est parce que grâce à eux, il se trouve en mesure de recevoir des vibrations auxquelles il peut répondre, ce qui permet à ses facultés latentes de s'éveiller. Bien que l'homme vienne d'en haut, ce n'est qu'au moyen de cette descente dans les mondes inférieurs qu'il peut acquérir une connaissance parfaite des mondes supérieurs. La faculté de percevoir et de répondre à toutes les vibrations d'un monde donné quelconque détermine l'état de conscience dans ce monde. C'est pourquoi l'homme en général n'a pas encore parfaitement conscience de lui à aucun plan, pas même dans le monde physique qu'il croit pourtant connaître. Mais comme il lui est possible de déployer son pouvoir de perception dans tous les mondes, il peut en même temps développer cet état de conscience, grâce auquel il sera à même d'observer chacun des faits que j'expose ici.

Le corps causal est le véhicule permanent de l'égo dans le monde mental supérieur. Sa matière provient de la première, de la deuxième et de la troisième subdivision de ce monde. Il est à remarquer que le corps causal n'est pas encore pleinement actif chez les sujets ordinaires, car dans leur cas, la matière qui appartient à la troisième subdivision est seule vivifiée. À mesure que l'égo déploie ses facultés latentes à travers la longue marche de son évolution, la matière supérieure est peu à peu mise en activité. Mais elle n'atteint son complet développement que chez l'homme devenu parfait, auquel nous avons donné le nom d'Adepte. Un clairvoyant capable d'employer la vue de l'égo peut seul discerner cette matière supérieure.

Il est difficile de décrire intégralement un corps causal, car les sens qui appartiennent à son monde n'ont rien de commun avec les nôtres et, en outre, leur sont supérieurs. Toutefois, autant qu'il est possible au clairvoyant d'en introduire le souvenir dans son cerveau physique, le corps causal lui apparaît sous une forme ovoïde enveloppant le corps physique et rayonnant à une distance d'environ 45 centimètres de la surface de ce corps. Chez l'homme primitif, il ressemble plutôt à une bulle d'air et parait vide. En réalité, il est rempli de matière mentale supérieure, mais comme celle-ci n'est pas encore en état d'activité, il demeure transparent et sans couleur. À mesure que se fait l'évolution, le corps causal se trouve peu à peu réveillé, stimulé grâce aux vibrations des véhicules inférieurs qui l'atteignent. Toutefois cette transformation se fait fort lentement, car l'activité de l'homme aux stades primitifs de son évolution n'est pas de nature à pouvoir s'exprimer dans une matière aussi impondérable que celle du corps mental supérieur. C'est seulement lorsque l'homme parvient à un stade où il est susceptible de pensées abstraites et d'émotions désintéressées, que la matière du corps causal est stimulée.

Alors, au lieu de présenter l'aspect d'une simple bulle transparente, le corps causal se transforme peu à peu en une sphère remplie d'une matière aux teintes exquises et délicates. Il devient un objet merveilleux d'une beauté inconcevable. L'expérience a prouvé que chacune de ces couleurs avait une signification. Ainsi, le rose pâle est marque d'une affection désintéressée;

le jaune indique un pouvoir intellectuel très développé ; la sympathie est exprimée par le vert ; tandis que le bleu désigne le sentiment de la dévotion, et que le bleu lilas révèle la spiritualité la plus haute. La même signification des couleurs s'applique aux corps formés de matière plus dense. Mais si nous approchons du monde physique et que nous comparons ses teintes à celles du corps causal, nous les trouvons infiniment moins délicates et aussi moins vivantes.

Au cours de son évolution dans les mondes inférieurs, il arrive fréquemment que l'homme introduit dans les matières dont il se revêt, des défauts tout à fait impropres à sa vie d'égo. Tels sont, par exemple : l'orgueil, l'irritabilité, la sensualité. Ces défauts, de même que les qualités peuvent se réduire à des vibrations ; mais ces vibrations appartiennent aux subdivisions inférieures de leurs mondes respectifs ; c'est pourquoi il leur est impossible de se reproduire dans le corps causal, formé exclusivement de la matière des trois subdivisions supérieures de son monde. Car il faut remarquer que chaque section du corps astral agit puissamment sur la section correspondante du corps mental, et seulement sur celle-là. Il en résulte que les trois portions supérieures du corps astral sont seules capables d'affecter le corps causal. Or, leurs vibrations ne correspondent qu'à de bonnes qualités. Donc il est incontestable que l'homme ne peut apporter que de bonnes qualités à son "égo", c'est-à-dire à ce qui est essentiellement lui. Les défauts qu'il possède ne sont que transitoires en raison de leur nature même ; et d'ailleurs, il les rejette lorsqu'il progresse, puisqu'il a dépouillé la matière qui lui permettait de les exprimer.

La différence qu'il y a entre le corps causal du sauvage et celui du saint, consiste en ce que le corps du premier est vide et dénué de couleurs, tandis que le corps du second resplendit de teintes brillantes et scintillantes. Quand l'homme, continuant à se perfectionner, dépasse cet état de sainteté même, pour devenir un grand pouvoir spirituel, son corps causal croît en dimension, car il a bien davantage à exprimer et il répand alors dans toutes les directions des rayons puissants de lumière vivante. Chez l'homme parvenu au grade d'Adepte, ce corps atteint des dimensions énormes.

Le corps mental est formé de la matière des quatre subdivisions inférieures du monde mental, et exprime les pensées concrètes. Nous retrouvons ici le même système de coloration que dans le corps causal ; seulement, les teintes sont un peu moins délicates, et il y en a une ou deux en plus : l'orange qui, exprime l'orgueil, et le rouge écarlate brillant, marque de l'irritabilité. Nous y rencontrons encore quelquefois le brun clair de l'avarice, le gris brun de l'égoïsme et le gris vert de la fourberie, ces couleurs sont parfois mélangées ; ainsi l'affection, l'intellectualité, la dévotion, peuvent être teintées d'égoïsme ; leurs couleurs distinctives se mêlent alors au brun de l'égoïsme et cela donne une apparence impure. Les particules qui constituent ce corps mental sont animées d'un mouvement d'extrême rapidité ; néanmoins il possède en même temps une organisation peu stable.

Sa dimension et sa forme sont déterminées par celle du véhicule causal. Il présente des sortes de stries qui le divisent d'une façon plus ou moins irrégulière, en segments dont chacun correspond à une région spéciale du cerveau physique, de sorte que chaque catégorie de pensée devrait fonctionner au moyen de la portion qui lui est dûment assignée. Chez la plupart des sujets ordinaires, le corps mental se trouve, jusqu'à présent, si imparfaitement développé, qu'un grand nombre de ses régions ne sont pas encore en activité. Aussi, une tentative quelconque de pensée appartenant à une de ces régions est-elle obligée de se frayer un passage au travers d'un canal qui ne lui est pas approprié, ouvert et libre par hasard. Il en résulte que ces sortes de pensées sont maladroites et incompréhensibles. Voilà pourquoi certaines gens ont des aptitudes pour les mathématiques tandis que d'autres sont incapables d'additionner correctement. Voilà encore pourquoi quelques-uns comprennent et apprécient instinctivement la musique, tandis que certains ne peuvent même pas distinguer un air d'un autre.

Toute la matière du corps mental devrait circuler librement. Il n'en est pas toujours ainsi. L'homme laisse quelquefois sa pensée se fixer, se concentrer, se solidifier, pour ainsi dire, sur un sujet particulier. La circulation est ainsi obstruée. Il y a congestion, et il se produit sur le corps mental une sorte d'excroissance. C'est ce que nous considérons ici-bas comme un préjugé. Jusqu'à la complète disparition de cette excroissance, jusqu'à ce que la libre circulation soit rétablie, il est impossible à l'homme de penser avec exactitude ou de juger nettement à l'aide de cette portion spéciale de son esprit. La congestion interdit, en effet, le libre passage d'ondes, à la fois externes et internes.

Quand l'homme se sert des parties de son corps mental, celui-ci vibre plus rapidement, se dilate et croît en dimension. Si la pensée émise se prolonge sur un sujet spécial, cet accroissement devient permanent. Ainsi donc, chaque homme détermine l'accroissement de son corps mental dans une bonne ou dans une mauvaise direction.

De bonnes pensées produisent, dans ce corps, des vibrations de la matière subtile. Cette matière, par suite de son poids spécifique, tend à flotter à la partie supérieure de l'ovoïde. Les pensées répréhensibles, au contraire, telles l'égoïsme ou l'avarice, qui correspondent toujours à des vibrations de la matière plus dense, tendent à s'établir vers la partie inférieure. Il résulte de ces considérations que l'homme ordinaire, habitué à se livrer aux pensées égoïstes de diverses natures, développe en général, la portion inférieure de son corps mental. Celui-ci apparaît alors approximativement sous la forme d'un œuf, dont la partie inférieure présente le rayon de courbure le plus grand. L'homme qui, au contraire, a su réprimer ses pensées inférieures, et s'est uniquement attaché à des sentiments d'ordre plus élevé, tend à élargir la partie supérieure de son corps mental. Et l'œuf se présente en sens inverse. Par l'étude des couleurs et des stries du corps mental d'un homme, le clairvoyant peut se rendre compte à la fois de son caractère et des progrès qu'il a réalisés au cours de sa vie présente. Par l'examen des mêmes traits du corps causal, le clairvoyant distingue en outre les progrès que l'égo a fait depuis sa formation originelle, c'est-à-dire depuis l'époque où il a quitté le règne animal.

Lorsque l'homme porte sa pensée sur un objet concret, un livre, une maison, un paysage, il se forme, dans la partie supérieure de son corps mental, une toute petite image de l'objet, laquelle flotte en face du visage, au niveau des yeux. Elle demeure aussi longtemps que l'objet est contemplé et persiste même quelque temps après. La durée de cette image dépend de l'intensité et aussi de la clarté de la pensée. En outre, elle est tout à fait réelle et pourrait être vue par quiconque aurait développé suffisamment la vision de son propre corps mental. De même, quand nous pensons à un de nos semblables, nous créons de lui, dans notre corps mental, un portrait en diminutif. Si notre pensée est purement contemplative et ne renferme ni sentiment tel que l'affection ou l'aversion, comme, par exemple, le désir de voir celui auquel nous pensons, elle n'affecte pas sensiblement ce dernier.

Si, au contraire, il s'y ajoute un sentiment quelconque, d'affection, par exemple, outre la formation de l'image, il se produit un autre phénomène. La pensée affectueuse se crée une forme définie aux dépens de la matière du corps mental. De plus, en raison de l'émotion qu'elle renferme, elle attire à elle la matière du corps astral. Ainsi se constitue une forme astro-mentale qui s'échappe et flotte à travers l'espace dans la direction de l'objet qu'elle se propose. Pourvu qu'elle soit assez forte, la distance qui l'en sépare ne constitue pas un obstacle. Mais en général, chez l'homme, la pensée est faible et ne peut produire d'effet que dans une étendue limitée. En tout cas, dès qu'elle a atteint celui qu'elle cherchait, elle se décharge, à la fois dans son corps astral et dans son corps mental, et leur communique sa propre intensité de vibrations. En d'autres termes, on peut dire qu'il y a transfert d'une certaine quantité de force et d'une certaine quantité de matière de la part de celui qui envoie sur celui qui reçoit. En sorte que, si nous revenons au cas de la pensée affectueuse, nous remarquerons chez celui que la reçoit l'éveil d'un sentiment réciproque en même temps qu'un léger accroissement de sa difficulté d'affection. Une telle pensée fortifie encore la puissance d'amour de celui qui l'a émise ; enfin tous deux en ressentent les bienfaisants effets.

Chaque pensée produit une forme. Si elle s'adresse à une autre personne, elle voyage dans la direction de cette personne. Si elle est personnelle, elle demeure dans le voisinage du penseur. Si elle n'appartient ni à l'une ni à l'autre catégorie, elle erre un certain temps et se désagrège peu à peu. Chacun de nous laisse derrière lui, partout où il se trouve, une série de formes-pensées. Dans la rue, il en flotte des, quantités innombrables. Nous marchons au milieu d'elles. Quand l'homme fait momentanément le vide dans son esprit, les pensées qui ne lui appartiennent pas l'assaillent, mais ne l'impressionnent, en général, que faiblement. Quelquefois, néanmoins, une pensée surgit et attire son attention d'une façon toute particulière. Il s'en empare alors, en fait sa chose, la fortifie par l'action de sa propre force, la rejette enfin au dehors, en état d'affecter quelqu'un d'autre. L'homme n'est donc pas responsable de la pensée qui traverse son esprit, puisqu'elle peut ne pas lui appartenir. Mais ce dont il est responsable, c'est de s'en emparer, de la fixer en lui, et de la renvoyer, fortifiée, au dehors.

Les pensées égoïstes de toute nature errent dans le voisinage de celui qui les a émises. Le corps mental de la plupart des hommes en est enveloppé comme d'une coquille. Cette coquille obscurcit la vision mentale et facilite la formation de préjugés.

Chaque forme-pensée est une entité temporaire. On peut la comparer à une batterie électrique armée attendant l'occasion de se décharger. Elle détermine toujours, dans le corps mental qu'elle frappe, un nombre de vibrations égal au sien, et y fait naître une pensée qui lui est identique. Pourtant, si les particules de ce corps vibrent déjà avec une certaine rapidité, par suite de pensées d'un autre ordre, elle attend son heure, erre autour de lui, jusqu'à ce qu'il se trouve suffisamment au repos pour lui permettre d'entrer. Elle se décharge alors, et cesse instantanément d'exister.

La pensée, quand elle est personnelle, agit tout à fait de la même façon par rapport à celui qui l'a engendrée, et se décharge sur lui dès que l'occasion s'en présente. Si elle est malsaine, il est tout prêt à la considérer comme l'œuvre d'un démon tentateur, alors qu'en réalité, c'est lui-même qui se sera tenté. En général, on peut dire que chaque, pensée crée une nouvelle forme-pensée. Mais, sous l'empire de certaines circonstances, la répétition de cette pensée, au lieu de produire une nouvelle forme, fusionne avec la première et la fortifie. En sorte qu'une longue méditation sur le même sujet engendre parfois une forme-pensée d'une puissance formidable. Si elle est mauvaise, elle peut devenir très malfaisante et durer bien des années. Elle possède l'apparence et les pouvoirs d'une entité réellement vivante.

Toutes les pensées dont il vient d'être question sont celles qui naissent dans l'esprit sans aucune préméditation. Mais il existe des formes-pensées élaborées avec intention, dans le but de venir en aide aux autres. Elles sont particulières aux bienfaiteurs de l'humanité. Des pensées vigoureuses, dirigées intelligemment, peuvent être d'un grand secours pour celui qui les reçoit. Ces sont de véritables anges gardiens ; elles protègent contre l'impureté, l'irritabilité, la peur.

L'observation des formes et des couleurs qu'affectent les formes-pensées, constitue l'une des branches les plus intéressantes de cette étude. Les couleurs indiquent la nature de la pensée et concordent d'une façon absolue avec celles que nous avons eu l'occasion de décrire dans les différents corps. Les formes sont extrêmement variées; chacune d'elle se rattachent à un genre déterminé de pensées.

Outre ces formes, chaque pensée d'un caractère défini, comme, par exemple, une pensée d'affection ou de haine, de dévotion ou de méfiance, de colère ou de peur, d'orgueil ou de jalousie, produit des vibrations. On n'aura qu'à considérer sa couleur, pour savoir par quelle partie du corps mental elle a été émise. Les vibrations produites se communiquent à la matière mentale ambiante, à la façon des ondes sonores, et se répandent ensuite au dehors dans toutes les directions. Quand elles atteignent au passage quelque corps mental dont l'état de passivité ou de réceptivité est suffisant, elles se communiquent à lui en partie. Ces vibrations ne peuvent transmettre une pensée définie et complète comme le font les formes-pensées; elles tendent seulement à faire naître une pensée analogue à celle qui les a produites. Ainsi, une pensée provoquée par un sentiment de dévotion incitera à la dévotion d'une manière générale. Mais l'objet de l'adoration ne sera pas forcément le même dans tous les cas; il pourra varier avec chacune des personnes dont le corps mental aura été atteint par la vibration. Au contraire, la forme-pensée ne peut impressionner qu'un seul individu à la fois, non seulement un vague sentiment de dévotion, mais aussi une image précise de l'être adoré.

La partie supérieure du corps mental est complètement inutilisée chez l'homme ordinaire. Au contraire, pour l'élite de l'humanité, c'est elle qui produit les pensées pures, bonnes et fortes. Chacun des membres de cette élite constitue donc une puissance bienfaisante dans le monde. Car les vibrations qu'il dégage de lui-même tendent à éveiller dans le corps mental de ceux qui peuvent y répondre, une partie supérieure et nouvelle, en même temps qu'elles leur dévoilent des champs d'idées inexplorés.

Ces idées ne sont pas toujours identiques à celles qui les ont provoquées, mais elles participent de leur nature. Ainsi les vibrations émanant d'un cerveau qui s'est concentré sur la Théosophie ne communiquent pas nécessairement des idées théosophiques à tous ceux qui l'entourent. Mais elles éveillent en eux des aspirations plus libérales et plus élevées. C'est ce que distingue les formes-pensées de ces sortes d'ondes, car, engendrées dans les mêmes circonstances, elles détermineraient, chez les êtres suffisamment préparés à les recevoir, des idées définies et précises sur la Théosophie.

Les couleurs du corps astral ont la même signification que celles du corps mental et du corps causal. Mais elles sont de plusieurs octaves au-dessous et se rapprochent davantage de celles qu'on voit dans le monde physique. Ce corps est le siège de la passion et de l'émotion. En conséquence, il possède des couleurs additionnelles qui permettent à l'homme de manifester des sentiments moins délicats. Un brun rouge pâle, par exemple, marque la sensualité ; des nuages noirs indiquent la malice et la haine ; un gris étrange et livide dénote la présence de la peur ; enfin, un gris beaucoup plus foncé, disposé ordinairement en cercles massifs autour de l'ovoïde, exprime un état de dépression. L'irritabilité se révèle par la présence d'une quantité de petites taches écarlates dont chacune correspond à un léger mouvement de colère. La jalousie se manifeste par un brun vert particulier, généralement semé de ces mêmes taches écarlates. Le corps astral est semblable, en dimension et en forme, aux autres corps. Dans la plupart des cas, son contour est nettement indiqué. Mais chez l'homme primitif, il est souvent très irrégulier et ressemble alors à une nébulosité aux couleurs extrêmement désagréables. Lorsque le corps astral est dans un état de repos relatif (le repos absolu n'existant pas pour lui), les couleurs qu'on y peut apercevoir indiquent les sensations habituelles de l'individu auquel il appartient. Quand une émotion vive, provoquée par une cause extérieure, est ressentie, l'intensité des vibrations produites domine un temps le corps astral. S'il s'agit de dévotion, par exemple, le corps astral tout entier se colore de bleu. Tant que l'émotion intense persiste, c'est à peine si, au travers le bleu, on peut deviner ses véritables couleurs. Il faut, pour les voir réapparaître, que la force du sentiment se soit amortie. Cette sorte de spasme d'émotions, si je puis m'exprimer ainsi, aura eu pour résultat un accroissement sensible de la partie bleue du corps astral. De sorte que, chez l'homme qui éprouve fréquemment une telle émotion, le corps astral présente une large surface bleue.

Tout sentiment de dévotion est généralement accompagné de pensées pieuses. Bien que d'abord formées dans le monde mental, ces dernières s'enveloppent d'une grande quantité de matière astrale, et ainsi leur action se fait sentir dans les deux mondes. Dans les deux mondes aussi s'étendent leurs vibrations ; de sorte que l'homme pieux devient un centre de dévotion capable d'amener ceux qui l'entourent à partager à la fois ses idées et ses sentiments. Ces remarques sont vraies dans tous les cas, qu'il s'agisse d'affection, de colère ou de toute autre passion.

Il est à remarquer que le corps mental n'est que faiblement impressionné par le torrent émotionnel. Toutefois celui-ci peut empêcher son activité d'arriver jusqu'au cerveau physique. Ce n'est pas parce que ce corps mental lui-même est affecté, mais parce que le corps astral qui sert d'intermédiaire entre le monde mental et le monde physique est animé d'un mouvement vibratoire si déterminé, qu'il devient incapable de transmettre des ondes dont la vitesse n'est pas tout à fait en harmonie avec son propre mouvement.

Les couleurs permanentes du corps astral réagissent sur le corps mental. Elles se reproduisent dans celui-ci avec des nuances correspondantes, mais de plusieurs octaves au-dessus, absolument de la même manière que se reproduit un son musical aux octaves ascendantes. Le corps mental réagit à son tour sur le corps causal. C'est ainsi que les bonnes qualités provenant des véhicules inférieurs s'établissent peu à peu d'une manière permanente dans l'égo. Il n'en peut être de même des défauts, puisque les vibrations qui les expriment ne sont pas transmissibles à la matière mentale supérieure dont est formé le corps causal.

Jusqu'ici, nous avons décrit des véhicules qui sont l'expression de l'égo dans leurs mondes respectifs. Ces véhicules, il se les procure lui-même, tandis que dans le monde physique, son véhicule lui est fourni par la nature suivant des lois que nous exposerons plus loin. S'il faut aussi le considérer jusqu'à un certain point comme une expression de l'égo, ce véhicule n'en est cependant pas, à beaucoup près, une manifestation parfaite.

Ce que nous en voyons n'en est qu'une partie : celle qui est formée des subdivisions solides et liquides de la matière physique. Le corps contient en effet de la matière appartenant aux sept subdivisions ; toutes jouent un rôle dans son existence et lui sont d'une égale utilité.

L'autre partie est invisible. Nous l'avons nommée "double éthérique" ; "double", car elle reproduit exactement la forme et la dimension de la partie du corps que nous voyons ; "éthérique" parce qu'elle est formée de cette matière subtile dont les vibrations transmettent la lumière à la rétine de l'oeil (et qui ne doit pas être confondue avec l'éther véritable de l'espace dont la matière est la négation). La partie invisible du corps physique est pour nous de la plus haute importance. Elle est le véhicule par l'intermédiaire duquel affluent d'une part les courants d'activités qui conservent le corps vivant, d'autre part les vibrations qui correspondent aux pensées et aux sentiments du corps astral. Sans elle, l'égo ne pourrait utiliser les cellules de son cerveau. L'existence du corps physique est sujette à des changements perpétuels. On est obligé de l'approvisionner sans cesse de nourriture pour sa digestion, d'air pour sa respiration, de vitalité pour son absorption. De par sa propre nature, cette vitalité est une force. Lorsqu'elle est enveloppée de matière, elle devient un élément défini existant dans tous les mondes. Nous ne nous occupons en ce moment que de la manifestation de cette force dans la subdivision la plus élevée du monde physique. De même que le sang coule dans nos veines, la vitalité circule le long des nerfs. La moindre irrégularité concernant l'absorption ou l'écoulement de la vitalité provoque dans la matière subtile du corps, des accidents, qu'on peut comparer à ceux qui se produisent dans le corps physique quand la circulation du sang est anormale.

La vitalité est originaire du soleil…. Lorsqu'un atome physique ultime en est chargé, il attire autour de lui six autres atomes. Leur ensemble forme un élément éthérique. La force vitale première se trouve divisée en sept, et, dès lors, chaque atome en contient une partie. Dans le corps humain, c'est la portion éthérique de la rate qui est destinée à absorber l'élément ainsi produit. Les parties constituantes se séparent immédiatement et se rendent aux différentes régions du corps qui leur sont assignées. La rate est un des sept centres de force vitale appartenant à la partie éthérique du corps physique. Dans chacun de nos corps, sept centres semblables devraient être en activité. Lorsqu'il en est ainsi, ils sont visibles pour un clairvoyant. Ils lui apparaissent sous forme de légers tourbillons, car c'est par eux que la force des corps supérieurs entre dans le corps inférieur physique. Pour ce dernier, ces centres sont :

1. la base de la colonne vertébrale ;
2. le plexus solaire ;
3. la rate ;
4. au-dessus du cœur ;
5. la gorge ;
6. la partie comprise entre les deux sourcils ;
7. le sommet de la tête.

Il existe, en dehors de ces sept centres principaux, des centres latents, mais leur éveil n'est pas à désirer.

La forme de tous les corps supérieurs, vue par le clairvoyant, est ovoïde ; mais la matière qui les compose n'est pas également répartie dans l'œuf. En son milieu, en effet, se trouve le corps physique. Ce corps physique attire fortement la matière astrale qui, à son tour, appelle la matière mentale. C'est ce qui explique que la plus grande partie de la matière du corps astral et du corps mental se trouve réunie dans le corps physique. Si nous voyons le corps astral d'un homme quelconque, dans son propre monde, c'est-à-dire tout à fait séparé du corps physique, nous distinguons encore la matière astrale groupée, et affectant une forme identique à celle du corps physique. Il va sans dire que sa matière étant beaucoup plus fluide, il donne plutôt l'impression d'un brouillard beaucoup plus subtil. Le même phénomène pourrait être observé sur le corps mental. De sorte que, s'il nous était donné de rencontrer un ami dans le monde astral ou dans le monde mental, il nous serait possible de le reconnaître aussi rapidement que dans le monde physique.

Voici donc, en résumé, quelle est la véritable constitution de l'homme : d'abord, une Monade, une Étincelle de la Divinité. Puis, un égo, expression partielle de la Monade, crée en vue des diverses phases de l'évolution, et capable de retourner à la Monade, rapportant sa récolte sous forme de qualités acquises grâce à des expériences accumulées. Puis, une personnalité, émission partielle de l'égo dans les mondes inférieurs. Ce mot "personnalité" vient du latin persona qui signifie masque. La personnalité n'est-elle pas véritablement le masque que revêt l'égo lorsqu'il se manifeste dans des mondes inférieurs au sien ? — Ainsi, de même que l'égo est une petite partie et une expression imparfaite de la Monade, de même la personnalité est une petite partie et une expression imparfaite de l'égo. En somme, ce que nous croyons être l' "Homme" n'est en réalité que le fragment d'un fragment.

La personnalité revêt trois corps ou véhicules : corps mental, corps astral, corps physique. Pendant que l'homme est vivant et éveillé sur la terre il est limité par son corps physique. Il n'emploie, en effet, son corps astral et son corps mental que comme intermédiaires pour se mettre en contact avec lui. Une des meilleures remarques qu'on puisse faire pour prouver combien est limité le corps physique, est celle-ci : ce corps se fatigue facilement et a besoin d'un repos périodique. Chaque nuit, l'homme s'abandonne au sommeil et se retire dans son corps astral qui, n'étant jamais envahi par la fatigue, n'a pas besoin de repos. Pendant que le corps physique sommeille, l'homme se meut dans le monde astral avec plus ou moins de liberté, suivant que le degré de développement auquel il est parvenu est plus ou moins avancé. Ainsi le sauvage s'éloigne à peine de quelques milles au-delà de la forme physique endormie et ne garde qu'une vague conscience de son état. L'homme plus développé est généralement capable de voyager dans son véhicule astral partout où bon lui semble. Il est aussi bien plus conscient que le sauvage. Néanmoins il ne lui arrive pas souvent d'apporter dans sa mémoire, quand il est éveillé, le souvenir de ce qu'il a vu et fait dans le monde astral. Quelquefois cependant il se souvient d'un incident qui l'a frappé, d'une expérience qui l'a développé. Et il exprime cet état en disant qu'il a fait un rêve à la fois intense et vraisemblable. Mais le plus souvent ses souvenirs sont désespérément enchevêtrés ; il s'y mêle de vagues réminiscences de la vie quotidienne avec des impressions produites au dehors sur la partie éthérique de son cerveau. C'est le cas de la grande généralité des rêves qui sont absurdes et confus. Enfin, l'homme tout à fait développé est aussi conscient et actif dans le monde astral que dans le monde physique et conserve, dans sa conscience de veille, le plein souvenir des actes qui se sont passés dans le monde astral. Sa vie n'a donc plus de solutions de continuité, elle se poursuit, sans aucune perte de conscience, pendant les vingt-quatre heures de la journée, conséquemment pendant tout le cours de sa vie terrestre et même au-delà de la mort.

CHAPITRE VI

APRÈS LA MORT

La mort, c'est l'abandon du corps physique. Mais elle ne change pas plus l'égo que l'abandon d'un vêtement ne change l'homme physique. Après s'être séparé de son corps physique, l'égo continue à vivre dans son corps astral jusqu'à ce que la force produite par les émotions et les passions de son existence terrestre soit complètement épuisée. Alors, se produit une seconde mort. L'homme se dépouille de son corps astral et vit dans son corps mental, sur le plan mental inférieur. Cette existence dure jusqu'à ce que les pensées et la vigueur intellectuelle, engendrées lors de ses vies physiques et astrale, soient tout à fait usées. Enfin, il délaisse son troisième véhicule ; il devient un égo vivant dans son propre monde et habite désormais son corps causal. Il n'existe donc rien qui corresponde à la mort telle que nous la concevons. En réalité, notre vie, qui est absolument continue, se compose d'une série d'étapes successivement vécues dans les trois mondes. La répartition du temps passé dans chacun d'eux varie avec le degré d'évolution de l'individu. Primitif, il vit presque exclusivement dans le monde physique et séjourne à peine quelques années sur le plan astral, à la fin de chacune de ses vies physiques. À mesure qu'il se développe, sa vie astrale devient plus longue. Puis, lorsqu'il est capable de penser, il commence à faire de même un court séjour dans le monde mental. L'homme des races civilisées vit plus longtemps dans le monde mental que sur le plan astral. En résumé, l'on peut dire que plus un individu est évolué, plus sa vie mentale est longue et sa vie astrale écourtée.

La vie astrale résulte d'un ensemble de sentiments empreints d'égoïsme. Si c'est l'égoïsme qui les a dominés, les conditions de la vie astrale seront tout à fait déplorables. Si, au contraire, quoique teintés de personnalité, ces sentiments ont renfermé de la bonté et de la bienveillance, l'existence astrale sera relativement agréable, mais encore fort limitée. Quant aux aspirations et aux pensées totalement dépourvues d'égoïsme, l'égo ne jouira de leurs conséquences que dans sa vie mentale. Cette existence ne peut donc être qu'infiniment heureuse. La vie astrale que l'homme s'est faite ainsi misérable ou relativement agréable correspond au purgatoire des chrétiens; tandis que l'existence mentale inférieure, expression du bonheur parfait, répond à l'idée qu'ils se font du paradis.

L'homme se crée donc son purgatoire et son ciel. Ceux-ci correspondent à des états de conscience particuliers, et ne sont nullement des localités selon l'opinion généralement admise. Quant à l'enfer c'est une simple fiction, une invention théologique. Autrement dit, il n'existe pas. Néanmoins, il arrive qu'une vie désordonnée et extravagante conduit à un purgatoire fort pénible et de très longue durée, mais non pas éternel, car ni le purgatoire ni le ciel ne peuvent l'être. En effet, une cause finie n'a pas de résultat infini. Il serait difficile de donner, sur ce point, des chiffres exacts. Les variétés de cas suivant les individus sont trop nombreuses pour que, en le faisant, nous ne risquions pas de commettre quelque erreur. Voici pourtant un aperçu qui en donnera une idée. Pour l'homme inférieur de la classe moyenne : petit boutiquier, employé de commerce, la moyenne des existences astrales est d'environ quarante années ; celle des vies mentales, deux cents ans. L'homme qui a déjà acquis une certaine spiritualité et une certaine culture aurait, par exemple, vingt ans de vie sur le plan astral et mille dans le monde céleste. Enfin, celui qui serait tout particulièrement évolué, pourrait réduire sa vie astrale à quelques jours ou même quelques heures, et séjourner quinze cents ans dans le ciel.

Outre que la durée de ces périodes varie infiniment, les conditions d'existence dans les deux mondes diffèrent encore d'une façon très sensible. Il est tout d'abord un fait que nous ne pouvons négliger de prendre en considération : c'est la vitalité dont est douée la matière des différents corps. Le corps physique est formé de cellules, ayant chacune une vie qui lui est propre. Ces cellules doivent leur activité à la seconde émanation provenant du second aspect de la Divinité. Elles sont d'espèces variées, et remplissent diverses fonctions ; autant de choses que l'homme doit savoir s'il veut être à même de se rendre compte du travail qui s'opère dans son corps physique, et s'il veut conserver sa santé.

Les mêmes considérations s'appliquent au corps astral et au corps mental. Dans la vie cellulaire qui les pénètre, il n'y a rien encore qu'on puisse comparer à de l'intelligence. Il y a seulement un vigoureux instinct qui dirige toujours cette vie vers ce qui peut le mieux servir à son développement. La vie qui anime ainsi la matière du corps astral et du corps mental, se trouve sur l'arc extérieur de l'évolution ; elle se meut de haut en bas ou de l'intérieur vers l'extérieur, de telle sorte que pour elle le progrès consiste à descendre dans des formes de matière plus dense grâce auxquelles elle apprend à s'exprimer. Or, le développement pour l'homme est absolument l'opposé de celui-ci. L'homme, en effet, après s'être plongé dans la matière, s'en affranchit en remontant vers son origine première. Ces états contradictoires provoquent donc un conflit perpétuel entre l'être intérieur et la vie qui anime la matière de ses différents véhicules ; puisque d'un côté, la vie cellulaire tend à descendre, tandis que, de l'autre, l'homme marche vers un état plus parfaite.

La matière du corps astral (ou plutôt la vie activant ses molécules) réclame, pour les besoins de son évolution, des ondes aussi variées et aussi grossières que possible. Cette vie, on s'en rend compte, animera la matière physique dans la prochaine étape de son évolution ; en attendant, elle doit s'accoutumer aux vibrations encore plus lentes de cette matière. Or, pour y arriver, elle recherche les vibrations astrales les moins élevées, non pas qu'elle ait l'intelligence de se proposer un tel but, mais seulement grâce à son instinct, qui l'aide à découvrir le moyen le plus facile de se les procurer.

De même que les molécules du corps physique, celles du corps astral changent constamment. Toutefois la vie, dans la masse de ces molécules astrales, possède le sentiment intime, quoique très vague, de former un tout, une sorte d'entité temporaire. Elle ignore qu'elle fait partie d'un corps astral, et ne saurait se faire une idée de ce qu'est un homme. Mais elle devine, sans s'en rendre compte, que ses conditions actuelles lui permettent de recevoir des vibrations à la fois bien plus nombreuses et bien plus puissantes que celles qu'elle recevrait si elle errait au large dans l'atmosphère. Ce ne serait que par à-coups et de bien loin, que la radiation des passions et des émotions de l'homme l'atteindrait, tandis qu'elle se trouve, de cette manière, au cœur même des vibrations, et les ressent à leur maximum d'intensité, sans en excepter une seule. Tous ses efforts tendent donc à ce but unique : se maintenir dans la bonne position qu'elle occupe. Elle y est en contact avec un élément plus subtil qu'elle-même : la matière du corps mental de l'homme, et elle possède l'intuition que si elle parvenait à entraîne ce quelque chose de plus subtil dans son propre mouvement, ses vibrations seraient singulièrement plus intenses et plus prolongées.

Étant donné que la matière astrale est le véhicule du désir et de la matière mentale, le véhicule de la pensée, cet instinct, autant que nous pouvons l'expliquer dans notre langage, agit de telle sorte que, si le corps astral arrive à nous persuader que nous voulons ce qu'il veut, presque fatalement nous nous laisserons entraîne par son désir. Ainsi il exerce sur l'homme une pression lente et méthodique, d'où naît chez lui une sorte de désir insatiable ou plutôt une tentation vers ce qui est grossier et mauvais. Pour peu qu'il soit sensuel, cette pression le pousse inévitablement dans la voie de ce qui est bas et impur. S'il est doué d'un caractère violent, elle le prédispose à l'irritabilité.

Celui qui ne saisit pas clairement la portée de ces lois commet, en général, l'une de ces deux erreurs : ou bien il suppose que la tentation est due aux instigations de sa propre nature qu'il croit profondément mauvaise, ou bien il s'imagine que la pression vient de dehors, attribuable à quelque démon imaginaire. La vérité se trouve entre les deux. La pression est naturelle, non point à l'homme, mais au véhicule dont il se sert. Tout désir est incontestablement normal et légitime en ce qui concerne le véhicule lui-même, mais combien funeste à l'homme qui ne sait y résister. Pour celui qui, au contraire, refuse de se livrer aux sentiments suggérés, voici ce qui se produit : les particules qui réclament des vibrations inférieures deviennent apathiques par manque de nourriture ; elles s'atrophient momentanément, et tombent du corps astral qui ne leur convient plus. Elles y sont remplacées par d'autres particules dont la vitesse normale de vibration est plus en harmonie avec celle que cet homme admet généralement dans son corps astral.

Voilà qui nous explique ce qu'on appelle les suggestions ou les tentations de la matière inférieure. Que l'homme ne leur oppose pas une résistance sérieuse, et bientôt elles s'accentueront en lui, au point de lui paraître impossibles à dominer ou à enrayer. En sorte qu'il achèvera de s'identifier complètement à elles, et satisfera ainsi le désir qui anime cette étrange demi-vie spéciale aux particules du corps astral.

À la mort du corps physique, ce faible état de conscience astrale est alarmé. Il se rend compte que son existence est menacée en tant que masse distincte. Il prend en conséquence des mesures pour se défendre et maintenir sa disposition aussi longtemps que possible. Voici ce qui se passe : il s'empare des particules du corps astral dont la matière est bien plus fluidique que celle du corps physique, et les dispose de façon à pouvoir résister à tout empiètement. Il place à l'extérieur, à la manière d'une coquille, les particules les plus grossières et les plus denses, et dispose les autres en couches concentriques. Le corps alors, dans son ensemble, est en mesure de résister au frottement extérieur, autant toutefois que le permet sa constitution. Il peut ainsi conserver sa forme aussi longtemps que possible.

Toutes ces causes produisent sur l'homme certains effets désagréables. La physiologie du corps astral est, bien entendu, tout à fait autre que celle du corps physique. D'abord, celui-ci reçoit les impressions venant du dehors au moyen d'organes particuliers, instruments de ses sens, tandis que le corps astral n'a pas de sens, à proprement parler. Ce qui, dans le corps astral correspond à la vue, par exemple, c'est la faculté qu'ont ses molécules de répondre aux impulsions extérieures qui leur arrivent de la part de molécules semblables. Ainsi c'est parce que l'homme possède, dans son corps astral, de la matière appartenant à toutes les subdivisions du monde astral, qu'il est capable de voir les objets formés par la matière de l'une quelconque de ses subdivisions.

Voici, je suppose, dans le monde astral, un objet fait de la matière provenant à la fois de la seconde et de la troisième subdivision. Il est certain que cet objet ne pourra être vu que de quiconque possèdera à la surface de son corps astral, des particules appartenant aux mêmes subdivisions, seules capables de recevoir et d'enregistrer les vibrations émises par l'objet. Au contraire, un homme qui, par suite de ce vague état de conscience dont nous avons déjà eu l'occasion de parler, a arrangé son corps différemment de telle sorte que la matière dense de la subdivision inférieure soit à l'extérieur, ne pourra être impressionné par la vue de cet objet, pas plus que ne le serait notre corps physique par les gaz qui circulent autour de lui dans l'atmosphère ou par tout ce qui est formé exclusivement de matière éthérique.

Durant la vie physique, la substance du corps astral est animée d'une perpétuelle agitation. Le mouvement qu'accomplissent ses particules peut être comparé à celui des molécules de l'eau quand elle est en train de bouillir. Il apparaît donc clairement qu'il se trouve sans cesse à sa surface des molécules de toutes sortes. D'où il résulte que, pendant son sommeil, à l'heure où il utilise son corps astral, l'homme est à même de voir, selon ses moyens, tout objet astral l'approchant.

Après la mort, s'il a laissé s'accomplir le phénomène général (et c'est ce que font par ignorance la plupart des gens), il se trouve dans une condition toute différente. La surface de son corps astral ne présente plus que les particules inférieures et grossières; donc il ne peut recevoir de l'extérieur que les impressions venant de particules semblables; de sorte que, au lieu de contempler l'ensemble du monde astral qui l'entoure, il n'en pourra voir que le septième, et encore ce septième sera-t-il le plus dense et le plus impur. Les vibrations de cette lourde matière expriment seulement des sentiments et des émotions blâmables, et qu'on pourrait classer parmi les moins raffinées des entités astrales. Il apparaît donc clairement que, placé dans de telles conditions, l'homme ne peut voir que les habitants les moins évolués du monde astral, et ne peut subir que des influences pénibles et vulgaires.

Il se trouve entouré d'autres hommes dont le corps astral est, il est vrai, presque toujours d'un caractère tout à fait ordinaire. Mais puisqu'il ne lui est possible de voir et de sentir que ce qu'il y a de plus bas et de plus grossier en eux, ils lui apparaissent inévitablement comme des monstres de vice dépourvus de la moindre qualité capable de les racheter à ses yeux. Même ses amis lui semblent tout à fait différents de ce qu'ils étaient ; et cela se conçoit ; car il lui est actuellement impossible d'apprécier aucune de leurs meilleures qualités. Rien d'étonnant, dès lors, qu'il considère le monde astral comme un enfer. La faute toutefois n'en revient nullement au monde astral. C'est à lui-même qu'elle incombe entièrement : d'abord parce qu'il a supporté en lui une trop grande quantité de cette matière si rude ; ensuite parce qu'il s'est laissé dominer par ce vague état de conscience, et parce qu'il a, enfin, permis cet arrangement particulier de ses particules astrales.

Étudier de telles questions, c'est se mettre en mesure de résister à la pression des particules astrales pendant la vie, et, après la mort, à la reconstitution ordinaire de son corps astral. De cette façon on possède la faculté de voir le monde astral dans son ensemble et non pas seulement la partie la moins éclairées et la plus vile.

Le monde astral offre beaucoup de points de ressemblance avec le monde physique. Il présente, comme lui, différents aspects selon les individus, et pour chacun, suivant l'époque de son existence. Il est le siège de l'émotion à la fois et des pensées les plus basses. Et les émotions s'y font même ressentir avec bien plus de violence qu'ici-bas. Quand une personne est éveillée, il nous est donc impossible de nous rendre compte de la plus grande partie de son émotion, car toute la vigueur en est employée à mettre en activité la matière physique la plus dense de son cerveau. Voilà pourquoi, ici-bas, nous ne pouvons pas apprécier à sa juste valeur un sentiment affectueux, par exemple. Car nous n'en découvrons pas la totalité, mais seulement une faible partie, celle qui est restée après que tout le travail de mise en activité du cerveau a été accompli. Les émotions dans le monde astral, sont donc beaucoup plus puissantes que dans le monde physique. Si on arrive à les maîtriser, elles sont loin d'exclure les pensées élevées. Par conséquent dans le monde astral un homme peut, tout aussi bien que sur la terre, se consacrer à l'étude, venir en aide à ses semblables, ou bien rester inactif et errer sans but.

Le monde astral s'étend jusqu'à la distance moyenne de l'orbite de la lune. Son étendue tout entière est accessible à ceux qui n'ont pas laissé se faire, après leur mort, la réorganisation de la matière astrale. Toutefois, la grande majorité de ses habitants ne s'éloignent guère de la surface de la terre. Les matières des différentes subdivisions de ce monde se pénètrent librement. Mais, dans l'ensemble, la matière la plus dense manifeste une tendance marquée à se réunir vers le centre. Cette particularité n'est pas sans analogie avec le phénomène qu'on observait dans un flacon dont l'eau tiendrait en suspension plusieurs espèces de matières de densités différentes. Tant qu'on maintiendrait le liquide en agitation, les particules se trouveraient mélangées dans sa masse. Et cependant, on remarquerait que c'est vers le fond que les plus denses sont en plus grand nombre. En somme, bien que nous ne devions pas considérer les diverses subdivisions du monde astral comme se superposant à la manière des peaux de l'ognon, l'arrangement général de leur matière participe néanmoins en quelque sorte de ce caractère.

La matière astrale pénètre la matière physique absolument comme si cette matière physique n'existait pas. Mais chaque subdivision de la matière physique attire fortement la matière astrale de la subdivision correspondante. D'où il ressort que chaque corps physique possède sa reproduction astrale. Prenons un verre d'eau et posons-le sur une table. Le verre et la table étant faits de matière physique à l'état solide, sont pénétrés par la matière astrale de la subdivision la plus basse. L'eau, étant liquide, est pénétrée par ce que nous pourrions appeler le liquide astral c'est-à-dire par la matière astrale de la sixième subdivision; tandis que l'air qui les entoure tous les deux, étant à l'état gazeux, est entièrement pénétré par la matière gazeuse, autrement dit par la matière de la cinquième subdivision. Mais, de même que l'air, l'eau, le verre et la table sont tous imprégnés continuellement par la matière physique subtile, celle que nous avons déjà appelée matière éthérique; de même, toutes les reproductions astrales sont imprégnées de la matière la plus fine des subdivisions supérieures qui correspond à la matière éthérique. Remarquons toutefois que tout solide astral est moins dense que le plus subtil des éthers physiques.

À moins qu'il n'ait subi le nouvel arrangement de la matière de son corps, l'homme qui se trouve dans le monde astral, après sa mort, n'y remarque guère de différence avec la vie physique. Il peut aller et venir, à son gré, dans toutes les directions, mais il séjourne de préférence dans le voisinage de l'endroit où il a vécu. Il garde la faculté de voir encore sa maison, sa chambre, ses meubles, ses parents, ses amis. Les vivants, quand ils ignorent tout des mondes supérieurs, s'imaginent qu'ils ont "perdu" ceux qui ont dépouillé leur corps physique. Mais les morts n'éprouvent jamais, ne serait-ce que pour un moment, l'impression qu'ils ont cessé de vivre.

Une fois dans leur corps astral, il ne leur est plus possible de distinguer le corps physique de ceux qu'ils ont quittés ; mais ils voient leur corps astral, et comme, la forme de celui-ci est identiquement semblable à la forme du corps physique, ils se rendent parfaitement compte de la présence de leurs amis. Chacun d'eux leur semble enveloppé d'un léger ovoïde de brume lumineuse ; et, pour peu qu'ils aient acquis une certaine faculté d'observation, ils peuvent même remarquer dans leur entourage quelques autres modifications. Ils possèdent, en tout cas, la certitude de n'avoir pas été envoyés dans quelque ciel ou dans quelque enfer lointain ; mais d'être restés, au contraire, en contact avec le monde qui, bien qu'aperçu sous un angle différent, leur est néanmoins familier.

Le mort voit distinctement le corps astral des vivants, de sorte qu'il lui impossible de croire qu'il en est séparé. Toutefois, il est incapable de produire la moindre impression sur eux tant qu'ils sont éveillés ; à ce moment, en effet, leur état de conscience se manifeste sur le plan physique, et leur corps astral joue seulement le rôle d'intermédiaire. Celui qui est mort ne peut donc ni communiquer avec les siens, ni lire leurs pensées élevées ; mais il peut, en revanche, grâce au changement de couleur qui se produit dans leur corps astral, apprécier les émotions qu'ils ressentent; avec un peu de pratique et d'observation, il arrive facilement à lire toutes leurs pensées, du moment qu'elles sont empreintes d'égoïsme ou de désir.

Pendant leur sommeil les choses se passent d'une façon toute différente. À ce moment, ils sont conscients dans le monde astral; ils vivent aux côtés du mort et peuvent communiquer avec lui tout aussi librement qu'ils le pourraient pendant la vie physique. Les émotions ressenties par les vivants. Réagissent fortement sur le mort qui a pour eux de l'affection. S'il arrive aux uns d'éprouver un chagrin quelconque; l'autre ne peut que souffrir cruellement. Les conditions de la vie, après la mort, sont presque infinies dans leurs variétés, mais elles peuvent être déterminées par quiconque voudra prendre la peine de comprendre le monde astral et d'étudier le caractère de chacun. Ce caractère n'est en rien changé par la mort. Les pensées, les émotions et les désirs sont exactement les mêmes qu'auparavant. L'homme reste en tout semblable à ce qu'il était, à l'exception de son véhicule physique; son bonheur ou son malheur dépend de la manière dont il a été affecté par la perte de ce corps physique.

Si ses aspirations ont été de nature à ne pouvoir s'exprimer qu'à l'aide d'un corps physique, il souffrira sans doute considérablement. Un désir de ce genre se manifeste par une vibration du corps astral, et, pendant que nous sommes encore de ce monde, la plus grande partie de la force de cette vibration est employée à mettre en activité les lourdes particules physiques. Le désir est donc beaucoup plus intense sur le plan astral que sur le plan physique ; si l'homme n'a pas pris l'habitude de le dominer, et si, dans sa nouvelle vie, il ne peut pas le satisfaire, il en ressentira peut-être de longues et pénibles souffrances.

Prenons, pour mieux comprendre, le cas d'un individu qui soit ou intempérant ou sensuel. Chez lui, l'attirance, durant la vie physique, a été assez puissante pour subjuguer la raison, le sens commun, et tous les sentiments d'honorabilité ou d'affection familiale. Après sa mort, cet homme se trouve, dans le monde astral, en bute aux mêmes appétits, mais cent fois plus violents peut-être ; or, il lui est absolument impossible de les satisfaire, puisqu'il n'a plus de corps physique. Voilà pourquoi une telle vie est pour lui un véritable enfer, le seul d'ailleurs qui existe. Nul cependant ne l'a puni. Il récolte purement et simplement le fruit de ses propres actions. Petit à petit cette force du désir s'épuise, il est vrai, au prix de terribles souffrances, car, chaque jour, pour ce malheureux, c'est un millier d'années. Il ne possède pas, comme dans le monde physique, la notion exacte du temps. Ce sont ses sensations qui lui en donnent la mesure. C'est de l'altération de ces faits qu'est née l'idée blasphématoire d'une damnation éternelle.

Il existe bien d'autres cas moins extrêmes que celui-là, dans lesquels la soif d'un désir qui ne peut être apaisé se traduit par une torture. Celui, par exemple, de l'homme qui n'a pas de vice spécial intempérance ni sensualité, mais qui, néanmoins, s'est attaché uniquement au monde physique, et a consacré son temps aux affaires ou à une vie mondaine sans but. Pour lui, le monde astral est un lieu de tourments. Les seules choses vis-à-vis desquelles il se sentait du goût, ne lui sont plus possibles. Là, en effet, plus d'affaires d'aucune sorte, plus rien qui rappelle le "monde", au sens que nous lui attribuons. Car, bien que les gens à fréquenter ne lui manquent pas, la société est tout de même très différente de la nôtre, puisque dégagée de ses milles banalités.

Ces cas, toutefois, sont l'exception. Pour la grande majorité des individus, la vie de l'au-delà est beaucoup plus heureuse que celle d'ici-bas. Le premier sentiment dont le mort ait presque toujours conscience, est celui de la plus étonnante et délicieuse liberté. Rien pour le tourmenter ; aucun devoir à remplir, sinon ceux qu'il choisit de s'imposer. À part quelques rares exceptions, l'homme passe sa vie physique à agir contre son goût et ses aspirations, à cause de la nécessité dans laquelle il se trouve de pourvoir à ses propres besoins, à ceux de sa famille. Dans la vie astrale, on n'a plus de besoins. Il n'est plus nécessaire de manger ni de s'abriter, puisque le froid et le chaud sont sans influence; chacun, par la simple gymnastique de sa pensée, se revêt selon son goût Pour la première fois depuis sa petite enfance, l'homme est entièrement libre d'employer tout le temps dont il dispose à faire ce qui lui plaît.

Or, ses jouissances, quelles qu'elles soient, sont, sur ce plan, considérablement augmentées, sauf, si bien entendu, le cas où elles exigeraient pour s'exprimer la présence d'un corps physique. S'il aime les beautés de la nature, le voilà capable de voyager avec une rapidité étonnante et sans fatigue, à travers le monde, de contempler les sites les plus merveilleux et d'explorer les coins les plus ignorés. Si l'art le passionne surtout, les chefs-d'œuvre sont à sa disposition. Si c'est la musique qu'il préfère, rien ne l'empêche de se rendre dans des endroits où l'on en fait, et d'ailleurs, il est à même de la goût bien mieux et de l'apprécier bien davantage que jamais auparavant, car, bien qu'il ne puisse plus recueillir les sons physiques, il est à même néanmoins de se laisser impressionner par les effets musicaux, et dans une plus large mesure qu'ici-bas. Si c'est la science qui l'attire, il peut se rendre auprès des plus grands savants de la terre, et puiser en eux des pensées ou des idées. De plus, rien ne l'empêchera de se livrer à des recherches personnelles dans les sciences astrales et d'obtenir des résultats bien plus concluants qu'il ne lui a jamais été possible de le faire. Enfin, celui dont le véritable bonheur ici-bas fut de secourir ses semblables, trouvera, dans le monde astral, un ample champ d'action pour ses efforts philanthropiques.

Là, les hommes n'ont plus à souffrir ni de la faim, ni du froid, ni des maladies d'aucune sorte. On en rencontre pourtant un grand nombre qui, ignorants, aspirent à s'instruire, quelques-uns qui, demeurés en proie aux désirs des choses d'ici-bas, éprouvent le besoin d'une explication qui leur permette de s'élever vers des niveaux supérieurs, d'autres enfin qui, embarrassés dans les réseaux de leur imagination, se trouvent dans l'impossibilité de s'en délivrer par leurs propres forces, et sont obligés d'avoir recours pour cela à un de leurs semblables déjà habitué à comprendre les choses astrales et capable de leur faire distinguer les faits réels du monde, de la fausse représentation qu'ils s'en font. Tous ces malheureux peuvent être aidés par l'homme intelligent et secourable. Il y en a tant qui précipités dans l'au-delà ignorent totalement les conditions de leur nouvelle vie, ne se doutant même pas qu'ils sont morts, et craignant, lorsqu'ils s'en aperçoivent, la destinée fatale que leur ont prédit des enseignements théologiques erronés. Tout cela leur rend encore plus nécessaire l'encouragement et le réconfort moral que, seul, peut leur prodiguer l'homme de bon sens qui possède quelques notions sur les lois de la nature.

Ainsi, ce ne sont ni les occupations utiles, ni les amis qui peuvent manquer à celui qui a mené ici-bas une existence raisonnable. Car de même que sur le plan physique, les êtres dont les goûts et les aspirations sont semblables se sentent mutuellement attirés les uns vers les autres. De plus, un grand nombre de régions de la nature qui, au cours de la vie physique, sont dissimulées derrière le voile épais de la matière, s'offrent, dans le monde astral, à l'examen de ceux que leur étude peut intéresser.

D'une façon générale, on peut dire que chacun crée son propre entourage. Nous avons déjà attiré l'attention du lecteur sur les sept subdivisions du monde astral. Si nous les comptons du haut en bas, c'est-à-dire en prenant pour point de départ la moins matérielle, nous trouvons qu'elles se groupent naturellement en trois classes; la première, qui comprend les divisions un, deux, trois; la deuxième, qui comprend les divisions quatre, cinq, six; et la troisième composée seulement de la septième division, la moins élevée de toutes. Ainsi que je l'ai déjà dit, bien qu'elles se pénètrent toutes, leur substance marque une tendance générale à s'arranger suivant son poids spécifique, de sorte que la matière appartenant aux subdivisions supérieures se trouve à une plus grande distance de la surface de la terre que la matière des subdivisions inférieures.

Rien d'étonnant, dès lors, que, malgré la faculté qu'il possède de se mouvoir un peu partout dans le monde astral, la tendance naturelle de tout habitant de ce monde soit de flotter au niveau qui correspond précisément au poids spécifique de la matière la plus lourde qui entre dans son corps astral. L'homme qui, après sa mort, n'a pas permis l'arrangement instinctif de la matière de ce corps astral, n'est soumis à aucune des lois qui régissent le monde astral. Au contraire, la majorité des individus qui le laissent s'accomplir, ne sont pas, ainsi libérés de toute contrainte. Non pas que rien les empêche de s'élever à des niveaux supérieurs ou de descendre très bas, mais uniquement parce qu'ils ne sont aptes à recevoir des sensations précises que d'une portion déterminée de ce monde.

J'ai déjà eu l'occasion d'exposer l'état de l'homme au niveau le plus bas, enfermé dans une épaisse coquille de matière. En raison de la grande densité de cette matière par rapport aux autres, il reçoit bien moins de vibrations étrangères à sa subdivision que ceux qui se trouvent à un autre niveau, quel qu'il soit. Le poids spécifique de son propre corps astral tend à le faire flotter au-dessous de la surface de la terre. La matière physique de la terre est absolument inexistante pour ses sens astrals. Il se sent attiré tout naturellement vers la matière astrale la moins délicate qui n'est autre que la contrepartie de la terre solide. Un homme qui s'est confiné dans cette subdivision la plus basse, se trouvera donc dans l'obscurité et séparé jusqu'à un certain point, du reste des morts, qui, grâce à leurs vies meilleures, séjournent dans les sphères plus élevées.

Les divisions quatre, cinq et six du monde astral (vers lesquelles la plupart se trouvent attirés) sont, à leur dernier plan, la reproduction exacte du monde physique et de ses accessoires familiers. C'est dire que, dans la sixième subdivision, la vie est tout simplement ce qu'elle est sur la terre, exception faite toujours du corps physique et de ses besoins. Si l'on s'élève dans la cinquième, puis dans la quatrième subdivision, elle devient de moins en moins matérielle, elle s'écarte de plus en plus de notre bas monde et de ses vils intérêts.

Les première, seconde et troisième divisions, tout en occupant le même espace, donnent néanmoins l'impression d'être bien plus éloignées du monde physique, et, en conséquence, plus pures et plus subtiles. L'homme qui réside à ces niveaux perd de vue la terre et tout ce qui lui appartient ; il est, la plupart du temps, profondément concentré en lui-même et crée son entourage direct. Toutefois, ce qui compose cet entourage est suffisamment objectif pour devenir perceptible soit aux autres hommes du même niveau, soit à la vision clairvoyante.

Cette région, c'est le "Summerland", le pays où règne l'éternel été, et dont on entend parler dans les réunions spirites, le monde dans lequel, par la simple puissance de leur pensée, les morts érigent, pour un temps, maisons, écoles, villes. Bien qu'imaginaires à notre point de vue, ces objets, pour eux, sont aussi réels que le sont pour nous les maisons, les temples ou les églises construites en pierre. Nombre de gens passent ainsi une existence fort agréable, même pendant quelques années, au milieu de ces créations de leur pensée.

Quelques paysages ainsi produits sont merveilleux. Lacs charmants, imposantes montagnes, jardins délicieux dont la beauté surpasse tout ce qui appartient au monde physique, rien n'y manque. Pourtant, il n'en est pas toujours ainsi et certaines de ces formes-pensées paraissent ridicules au clairvoyant exercé (c'est-à-dire à celui qui a appris à voir les choses telles qu'elles sont). Par exemple, celles que compose l'ignorant après bien des efforts, et qui représentent la plupart du temps, l'une ou l'autre des si curieuses descriptions que l'on rencontre dans les Écritures. Il est certain que la représentation d'une bête remplie d'yeux à l'intérieur, ou d'une mer à la fois limpide comme le cristal et enflammée, peut paraître grotesque, bien qu'elle satisfasse en tout point celui qui l'a créée. Le monde astral est plein d'images et des paysages ainsi formés. Les hommes de toute religion y reproduisent leurs divinités et leur paradis suivant la conception qu'ils ont eu l'habitude de s'en faire. Ils sont donc parfaitement heureux, jusqu'à ce qu'ils passent dans le monde mental où ils vont se trouver plus avancés sur le chemin de la vérité.

Tous, après la mort, j'entends ceux chez qui la réorganisation de la matière du corps astral a été accomplie, tous, dis-je, nous avons à passer successivement à travers chacune de ces subdivisions. Nous ne sommes pas, pour cela, conscients dans toutes. Le corps astral, chez un homme peu cultivé mais honorable, ne contient qu'une faible quantité de matière appartenant à la septième subdivision, pas assez, en tout cas, pour former une épaisse coquille. La reconstitution inconsciente place à l'extérieur du corps sa matière la plus dense. Dans la grande généralité des cas, c'est la matière de la sixième subdivision mélangée avec un peu de la septième. Aussi est-il possible dans ce cas d'apercevoir la contrepartie de notre monde physique.

L'égo se retire peu à peu en lui-même, abandonnant, l'une après l'autre, les subdivisions astrales. Mais les séjours successifs qu'il fait dans chacune d'elles ne sont pas d'égale durée, parce que leurs différentes matières ne se trouvent pas en égales quantités dans le corps astral. Plus il y a de matière, plus le séjour est long. De son côté, la composition du corps astral dépend et de la vie que l'homme a menée et des désirs qu'il a écoutés, enfin de la catégorie de matière que, en agissant ainsi, il a attirée d'abord, puis établie en lui. Quand il se trouve dans la sixième section, au centre des lieux et des gens qui lui étaient le plus familiers sur la terre, l'homme de moyenne mentalité, à mesure que le temps passe, voit son entourage d'ici-bas s'estomper et perdre de plus en plus d'importance qu'il lui attribuait. Il tend même à se faire un entourage qui soit en rapport avec la nature des pensées auxquelles il a donné, dans son esprit, la prépondérance. Au moment où il atteint la troisième subdivision, il trouve même que ce trait caractéristique a totalement éclipsé la vision des réalités du monde astral.

La seconde subdivision est légèrement moins matérielle que la troisième ; si cette dernière est, pour les spirites, le "Summerland", la précédente est le paradis matériel des orthodoxes les plus ignorants. Quant à la première subdivision la plus élevée, elle semble être réservée à ceux, qui durant leur vie, se sont adonnés à des occupations d'ordre à la fois matériel et intellectuel, non pas dans le but d'en faire bénéficier leurs semblables, mais plutôt par pure ambition personnelle ou dans l'espoir d'en retirer une satisfaction de l'esprit. Ajoutons qu'ils s'estiment tous parfaitement heureux. Plus tard, quand ils seront capables d'apprécier des choses autrement élevées, ils atteindront un niveau supérieur avec lequel ils seront en parfaite harmonie. Dans cette vie astrale, les gens de même nationalité et dont les intérêts sont communs, se groupent exactement comme ici-bas. Les dévots, par exemple, qui ont imaginé un ciel matériel, ne se mêlent pas à ceux qui ne professent par leur propre religion, et dont les idées sur les plaisirs célestes ne sont pas en rapport avec les leurs. Rien cependant ne peut empêcher un Chrétien d'aller et de venir dans le ciel d'un Indou ou d'un Musulman. Mais il est peu probable qu'il le fasse parce que ses intérêts et ses attirances sont tous dans le ciel de sa propre religion, où il se trouve d'ailleurs en compagnie d'amis qui partagent ses convictions. Il ne faudrait pas croire que ce soit là le vrai ciel que chaque religion se plaît à décrire; ce n'en est qu'une grossière et matérielle représentation. Nous aurons l'occasion de reparler du véritable "paradis" quand nous étudierons le monde mental.

Celui qui, après sa mort, n'a pas laissé se faire la reconstitution instinctive de la matière de son corps astral, est libre de parcourir le monde astral dans toute son étendue et peut errer à volonté où bon lui semble. Il voit en totalité ce qu'il examine contrairement aux autres, auxquels il n'est donné d'en voir qu'une partie. Il ne trouve pas qu'il y ait foule dans le monde astral. En effet ce monde est beaucoup plus étendu que la surface de la terre physique, et, en outre, sa population est un peu moins nombreuse, car la moyenne de la vie sur le plan astral est un peu moindre que sur le plan physique.

Les morts, toutefois, ne sont pas les seuls habitants de ce monde. Il s'y trouve encore environ un tiers des vivants, ceux qui ont temporairement abandonné leurs corps physiques pendant le sommeil. De plus, on y rencontre un grand nombre d'habitants en dehors de l'homme. Quelques-uns d'entre eux lui sont très inférieurs, d'autres considérablement supérieurs. Les esprits de la nature, ce règne si important, ont quelques-uns de leurs membres dans le monde astral, où ils composent une grande partie de la population. D'autres sont dans le monde physique; il y en a qui revêtent des corps éthériques et se trouvent juste en dehors de la limite du champ de la vision physique ordinaire. À vrai dire, les circonstances dans lesquelles on peut les voir ne sont pas extrêmement rares, et dans bien des coins isolés de la montagne, ces apparitions sont légendaires parmi les paysans, qui les appellent fées, lutins, gnomes, farfadets.

Véritables "Protées", ils préfèrent pourtant, en général, adopter une forme humaine en miniature. Comme ils ne sont pas encore individualisés, rien n'empêche qu'on les considère comme des animaux éthériques ou astrals. Et cependant beaucoup d'entre eux sont aussi intelligents que la moyenne des hommes. Ils ont des nationalités et des types exactement comme nous. Souvent on les divise en quatre grandes classes : les esprits de la terre, les esprits de l'eau, les esprits du feu, et les esprits de l'air. Seuls, ceux qu'on appelle les esprits de l'air, résident dans le monde astral ; leur nombre y est si prodigieux, qu'on les y rencontre partout.

Un autre grand règne a ses représentants dans le monde astral : c'est celui des Anges (qu'on nomme aux Indes : les Dévas). Ce sont des êtres dont l'évolution est beaucoup plus avancée que la nôtre. Les moins parfaits seuls touchent le monde astral, ceux dont le développement pourrait, par exemple, être comparé à celui qui atteint l'homme foncièrement bon.

Nous ne sommes ni les seuls ni les principaux habitants de notre système solaire. Il y a d'autres lignes d'évolution qui se développent parallèlement à la nôtre, sans passer pour cela par la phase humaine, bien que toutes soient obligés de traverser un niveau correspondant à celui de l'humanité. Sur l'une de ces autres lignes d'évolutions, on trouve les esprits de la nature cités plus haut, et à un niveau supérieur de tette même ligne, se place le grand règne des Anges. Étant donné notre degré actuel d'évolution, ce n'est que très rarement qu'il nous arrive d'entrer en contact avec eux. Mais à mesure que nous nous développerons, il est probable qu'il nous sera possible de les voir davantage.

Lorsque toutes les basses émotions de l'homme se sont usées — j'entends toutes celles qui renferment la moindre parcelle d'égoïsme — sa vie dans le monde astral est terminée. L'égo passe alors dans le monde mental. Il ne faut pas croire que pour cela aucune perturbation ne se produise dans l'espace. Tout simplement, le processus méthodique vient de franchir la plus subtile même des matières astrales. Et l'homme n'est plus conscient que dans le monde mental. Son corps astral, toutefois, ne s'est pas entièrement désagrégé. Il est seulement en voie de le faire. Il existe encore, mais à l'état de cadavre astral. Il est abandonné, juste comme l'avait été, au stade précédent, le cadavre physique. Il y a pourtant entre ces deux sortes de cadavres certaines différences qui méritent d'être examinées en raison des conséquences qui en découlent.

Quand l'homme quitte son corps physique, la séparation est complète, presque toujours. Vis-à-vis de la matière du corps astral, qui est beaucoup plus ténue, les choses ne se passent pas de la même façon. Au cours de sa vie physique un homme ordinaire s'embarrasse tellement dans la matière astrale (à un autre point de vue cela signifie qu'il s'identifie d'une façon si complète avec ses désirs les plus bas) que la force attractive de l'égo n'est plus assez puissante pour l'en séparer entièrement. Et alors, dès qu'il rompt en définitive avec le corps astral pour agir dans le monde mental, il perd une partie de lui-même ; il abandonne quelque chose de lui qui demeure emprisonné dans la matière du corps astral.

C'est ainsi que le cadavre astral garde un certain reste de vie, grâce auquel il continue à se mouvoir librement, et qui le fait prendre aisément par les ignorants pour l'homme lui-même ; d'autant plus que cette parcelle si minime de son état de conscience, ne faisant pas moins partie de lui, s'estime et parle d'elle comme si elle était vraiment l'homme. Certes elle en possède les souvenirs, mais n'en est plus qu'une faible et bien décevante représentation. Quelquefois, dans les séances de spiritisme, on prend contact avec une entité de ce genre ; on est surpris alors, et on se demande comment il peut se faire qu'un être se soit détérioré à ce point depuis sa mort. C'est à ces entités fragmentaires que nous avons donné le nom d' "ombres".

À un degré plus avancé encore, ce fragment de conscience s'éteint dans le corps astral, sans toutefois retourner à l'égo auquel il a appartenu tout d'abord. Cela n'empêche pas le cadavre astral de subsister, mais sans ne plus manifester aucune trace de sa vie antérieure. Nous l'avons nommé "coquille". Par son seul pouvoir, une coquille ne peut pas donner de communication dans les séances spirites ni agir d'aucune manière. Mais il arrive fréquemment qu'elle soit capturée par quelque malin esprit de la nature qui s'en sert momentanément comme d'une habitation. Une coquille ainsi habitée peut communiquer dans une séance et se déguiser pour jouer absolument le rôle de celui auquel elle appartenait, puisque, quelques-uns de ses traits caractéristiques et certaines lueurs de sa mémoire émanant encore de son corps astral, sont susceptibles d'être évoqués par l'esprit de la nature.

Quand l'homme s'endort, il se retire dans son corps astral, abandonnant le véhicule physique en entier. Quand il meurt, il entraîne avec lui la partie éthérique du corps physique, et, par conséquent, jusqu'à ce qu'il en soit débarrassé, il demeure dans un état d'inconscience totale. Le double éthérique n'est pas un véhicule et ne peut être utilisé comme tel. Ainsi, au moment, où l'homme en est entouré, il n'est apte à fonctionner ni dans le monde physique ni dans le monde astral. Il y a des hommes qui réussissent à se débarrasser de cette enveloppe éthérique en un instant ; d'autres la gardent des heures, des jours, voire même des semaines.

Il n'est, du reste, pas certain que l'homme une fois débarrassé de son double éthérique, ait immédiatement conscience du monde astral. Car il existe en lui une bonne partie des plus basses des matières astrales, ce qui peut permettre la formation d'une coquille l'entourant de toutes parts. Mais il est quelquefois tout à fait incapable d'utiliser cette matière. S'il a vécu honnêtement, il se trouve trop peu habitué à l'employer et à répondre à ses vibrations, pour que la pratique lui en vienne sur l'heure. Il peut ainsi demeurer inconscient jusqu'à ce que, d'une part, cette matière se soit peu à peu usée et que, d'autre part, celle dont il se sert habituellement vienne à la surface. L'occlusion, néanmoins, n'est presque jamais complète. Même dans la coquille la plus soigneusement faite, il arrive que des particules de la matière la plus fine se frayent un passage jusqu'à la surface, de sorte que l'homme a des aperçus rapides et intermittents de tout ce qui forme son entourage.

Il y a des gens qui se cramponnent d'une façon désespérée à leur véhicule physique, qu'ils ne veulent pas non plus lâcher prise quand il s'agit du double éthérique; au contraire, ils font tous leurs efforts pour le retenir. Il arrive qu'ils y réussissent, même pendant un temps fort long, mais au prix de grands sacrifices en ce qui concerne leur bienêtre. Ils sont exclus des deux mondes, et se voient entourés d'une épaisse brume grise au travers de laquelle les choses du monde physique leur apparaissent très vagues et dénuées de couleur. Ils ont à livrer de perpétuels combats pour se maintenir dans cette misérable posture, et cependant ils s'obstinent à s'y cramponner; le double éthérique leur parait indispensable; ils éprouvent la sensation qu'il constitue au moins une sorte de lien avec le seul monde qu'ils connaissent. De sorte qu'ils errent ainsi, seuls et misérables, jusqu'au moment où, par suite d'une extrême lassitude, leurs forces leur font défaut. Ils ne peuvent plus retenir leur double éthérique et glissent alors dans le bonheur relatif que donne la vie astrale. Souvent, dans leur désespoir, ils se raccrochent aveuglément à d'autres corps et essaient de s'introduire en eux. Parfois, ils y parviennent. Il peut leur arriver de saisir, par exemple, le corps d'un tout petit enfant, expulsant la faible personnalité à laquelle il était destiné; quelquefois même, c'est du corps d'animal qu'ils s'emparent. Un tel désarroi ne naît que d'une ignorance totale; jamais pareille chose n'arrivera à quiconque se rend compte des lois de la vie et de la mort.

Quand, à son tour, la vie astrale est finie, l'homme meurt à ce monde et s'éveille dans le monde mental. Ce monde mental est, pour lui, tout à fait différent de ce qu'il est pour le clairvoyant exercé qui le parcourt dans tous les sens et y vit au centre d'un entourage qui lui semble exactement le même que dans le monde physique ou dans le monde astral. L'homme ordinaire s'est, durant toute sa vie, entouré d'une masse de formes-pensées. Quelques-unes, qui sont passagères et auxquelles il n'attache que peu d'importance, se sont séparées de lui depuis fort longtemps ; mais celles qui représentent les intérêts primordiaux de sa vie, demeurent toujours autour de lui, et deviennent de plus en plus puissantes. Celles qui ont été égoïstes ont déversé leur force dans la matière astrale et sont toutes épuisées durant la vie astrale. Mais celles qui sont entièrement désintéressées appartiennent exclusivement à son corps mental, et ainsi lorsqu'il se trouve dans le monde mental, c'est à ces formes-pensées qu'il doit de pouvoir l'apprécier.

Son corps mental est loin encore d'être développé. Seules, les parties dont il s'est servi pour des actes généreux, sont réellement en pleine activité. Quand il s'éveille de nouveau après la seconde mort, ce qu'il ressent tout d'abord, c'est une félicité et une vitalité inconcevables, une joie si complète de vivre, qu'il ne désire plus rien d'autre. Cette joie est le principe de vie dans tous les mondes supérieurs du système. La vie astrale elle-même offre des chances de bonheur, et même d'un bonheur plus grand qu'aucun de ceux que nous connaissons. Mais la vie céleste du monde mental est tellement plus heureuse encore, qu'aucune comparaison ne peut être établie. Dans chacun des mondes supérieurs, on a la même impression. Il semble qu'on y jouisse de la félicité la plus absolue. Et pourtant, quand on atteint le suivant, on s'aperçoit qu'il surpasse de beaucoup celui qu'on vient de quitter.

En même temps que le bonheur, croissent la sagesse et l'ampleur des idées. Que d'hommes s'agitent dans le monde physique, persuadés qu'ils sont les plus affairés et les plus sages d'entre tous. À peine ont-ils touché le monde astral, qu'immédiatement la vérité leur apparaît Ils découvrent qu'ils ont été au contraire semblables à la chenille qui rampe et ne voit rien au-delà de sa feuille, tandis que désormais, tel le papillon, ils ont ouvert leurs ailes et se sont envolés dans le soleil d'un monde plus vaste et plus ouvert. Si impossible que cela puisse paraître, il éprouve la même impression quand il passe dans le monde mental, car cette vie mentale, à son tour, est tellement plus complète, plus étendue et plus intense que la vie astrale qu'aucune comparaison, je le répète, ne peut être établie. Et quand on réfléchit qu'au-delà il y a encore une autre vie, celle du monde de l'intuition vis-à-vis de laquelle, même la vie mentale n'est qu'un faible clair de lune, on se demande quelle peut être la splendeur d'un tel ensoleillement.

La position de l'homme dans le monde mental diffère considérablement de celle qu'il a dans le monde astral. Là, il se servait d'un corps auquel il était accoutumé de longue date puisque, chaque nuit, pendant le sommeil, il avait l'habitude de l'employer. Ici, il vit dans un véhicule qu'il ne connaît pas, qui, en outre, est loin d'être arrivé à son complet développement, et qui l'isole en grande partie du monde qui l'entoure, au lieu de lui en faciliter la vue. La portion inférieure de sa nature s'est éteinte durant son temps de "purgatoire"; maintenant il ne lui reste plus que les pensées les plus nobles et les plus délicates, les belles et généreuses aspirations de sa vie terrestre. Toutes, elles se resserrent et l'environnent pour former autour de lui comme une espèce de coquille par l'intermédiaire de laquelle il est en mesure de s'harmoniser avec certaines catégories de vibrations provenant de la matière subtile.

Ces pensées constituent de véritables forces, grâce auxquelles il lui est possible de puiser dans le trésor du monde céleste, et d'y trouver, comme dans un immense magasin, un choix considérable. Ce qu'il y prend correspond précisément à la puissance de ces pensées et de ces aspirations. Car c'est dans ce monde qu'existe l'entière plénitude de l'Esprit Divin, ouvert dans son infinité bonté à toutes nos âmes, dans la mesure de leurs mérites. Celui qui a déjà achevé son évolution humaine et entièrement développé le germe divin qui est en lui, ne trouve pas extraordinaire une telle gloire. Mais aucun de nous, nous ne sommes parvenus jusqu'ici à un tel avancement; comme nous n'en sommes encore qu'à nous acheminer lentement vers cette perfection, il n'est pas surprenant que nous ne puissions nous en faire une idée d'ensemble.

Mais chacun y puise, et la part qu'il en prend est en proportion de ses efforts antérieurs. Les différents individus n'ont pas des capacités semblables. En Orient, on prétend que tous nous apportons avec nous une coupe, que quelques-unes de ces coupes sont petites, mais que petite ou grande, chacune renferme bien plus qu'il ne faut pour les remplir toutes.

Si l'homme veut jouir de la vue de cette splendeur inouïe et de cette merveille, qu'il se prépare lui-même les fenêtres qui lui permettront de le faire. En d'autres termes, disons que ses formes-pensées doivent le mettre à même d'entrer en vibrations avec les forces extérieures. S'est-il, pendant sa vie sur terre, préoccupé surtout de questions d'ordre physique, alors, il a négligé de s'ouvrir des fenêtres, au travers desquelles la resplendissante lumière des mondes supérieurs serait entrée en lui. Il est rare de ne pas trouver chez l'homme, du moment qu'il a atteint un niveau supérieur à celui du sauvage le plus primitif, au moins quelques sentiments de pure générosité ; ne lui serait-ce même arrivé qu'une fois, qu'il aurait, sans contredit, au moins une fenêtre ouverte à présent.

L'homme ordinaire ne fait pas preuve de grande activité dans le monde mental. Avant tout, il y est réceptif ; quant à voir ce qui se trouve en dehors de sa propre coquille de pensées, il ne le peut que dans une faible mesure. Il vit là, entouré de forces vivantes, d'anges, puissants habitants de ce monde glorieux ; beaucoup de leurs ordres sont sensibles à certaines aspirations de l'homme et y répondent avec empressement. Mais l'homme ne peut en tirer un avantage que dans la mesure où il est, au préalable, préparé à en profiter. Ses pensées et ses aspirations, en effet, courent exclusivement sur certaines lignes, et il lui est impossible d'en former sur l'heure de nouvelles. Il existe un grand nombre de directions que peuvent prendre ainsi les pensées les plus élevées. Parmi ces dernières, citons : l'art, la musique, la philosophie. Un homme dont l'intérêt se porte sur l'une de ces lignes, y rencontre à la fois der distractions innombrables et un savoir illimité qui l'y attendaient, distractions et savoir déterminés, uniquement par la puissance de perception qu'il a su acquérir.

La plupart des individus n'ont de pensées hautes que celles qui ont trait à l'affection et à la dévotion. Si l'un aime profondément l'autre, ou s'il éprouve un sentiment sincère de dévotion envers une divinité particulière, il fait une forte image mentale de l'ami ou de la divinité, et l'objet de son sentiment est, dans la plupart des cas, présent à son esprit. Inévitablement, il emporte cette image mentale avec lui dans le monde céleste, parce que c'est à cette catégorie de matière qu'elle appartient de par sa matière.

Prenons tout d'abord le cas de l'affection. L'amour qui forme et retient une semblable image, est une force très puissante, une force assez énergique pour atteindre et impressionner, dans la partie supérieure du monde mental, l'égo d'un ami. Car c'est en réalité cet égo qui est aimé et non pas le corps physique qui n'en est qu'une si faible représentation. Au moment où il reçoit la vibration, instantanément et spontanément il y répond et se déverse dans la forme-pensée faite à son intention. De sorte que les rapports entre amis sont bien plus intimes sur le plan mental que jamais auparavant. Pour cela, peu importe que cet ami soit ce que nous appelons vivant ou qu'il soit mort. La communication est faite, non pas au fragment emprisonné dans un corps physique, mais à l'homme lui-même, sur le vrai niveau qui lui est propre ; et il est à remarquer qu'il y répond toujours. Un homme qui compterait cent amis, par exemple, peut simultanément et sans restriction, répondre à l'affection de tous, car quel que soit le nombre des images le représentant, faites sur un niveau moins élevé, jamais la capacité infinie de l'égo ne sera épuisée.

Ainsi, chaque homme, dans le monde céleste, vit entouré des amis dont il recherche la société. Ces amis se montrent toujours à lui sous leur meilleur jour parce qu'il crée lui-même, à leur intention, la forme-pensée grâce à laquelle il leur sera possible de se manifester. Dans notre monde physique, limité comme il l'est, nous avons une si grande habitude de considérer nos amis sous le seul aspect que nous en connaissons qu'il nous est tout d'abord difficile de nous en faire une si haute conception ; quand cela nous sera possible, nous nous rendrons compte alors que, dans le monde céleste, nos relations avec eux ont un caractère bien plus intime qu'il ne le fut jamais sur terre. Il en est de même pour la dévotion. L'homme, dans le monde céleste, est de deux grands échelons plus rapprochés de l'objet de sa dévotion qu'il ne l'était durant sa vie physique, et ainsi, ses connaissances sont d'un caractère infiniment plus élevé.

De même que le monde astral, le monde mental comprend sept subdivisions. La première, la seconde et la troisième sont l'habitat de l'égo dans son corps causal. Donc le corps mental proprement dit contient seulement de la matière des quatre autres subdivisions, et c'est dans cette ambiance que se déroule sa vie céleste. Toutefois l'homme ne passe pas successivement de l'une dans l'autre comme il le fait dans le monde astral, car rien, dans la vie mentale, ne correspond à la reconstitution astrale. Disons plutôt que l'homme se place directement au niveau qui correspond le mieux à son degré de développement. Il y reste tout le temps de sa vie mentale. Chaque homme se créant sa propre condition, il en résulte qu'il y en a un nombre infini de variétés.

Généralement parlant, nous pouvons affirmer que la caractéristique observée dans la portion la plus basse est l'affection dévouée pour la famille. Dévouée, elle doit l'être ; sans cela, elle ne trouverait pas sa place ici. Les moindres sentiments égoïstes ont été épuisés dans le monde astral. La caractéristique de la sixième subdivision, c'est, si nous pouvons dire, une dévotion qui tient de l'anthropomorphisme, tandis que celle de la cinquième est une dévotion qui se traduit, au contraire, par l'accomplissement d'œuvres utilitaires, quelles qu'elles soient. Ces trois dernières, la cinquième, la sixième et la septième, se rapportent à différentes manifestations de la dévotion vis-à-vis de personnalités quelconques (que ce soit envers des parents ou des amis, ou envers une divinité spéciale) plutôt que de la dévotion à l'humanité pour elle-même; car celle-ci ne peut s'exprimer que dans la section immédiatement supérieure. Cette quatrième subdivision peut être divisée en quatre catégories principales: la poursuite désintéressée des connaissances spirituelles; la haute philosophie ou la science; le talent littéraire ou artistique mais pratique, dans un but entièrement altruiste; et enfin l'empressement à rendre service, sans autre pensée que celle de venir en aide à ses semblables.

Cette vie glorieuse elle-même a une fin. Alors, le corps mental tombe à son tour, comme l'ont fait les autres corps; et l'homme commence à vivre dans son corps causal. Là, il n'a plus besoin de fenêtres ouvertes, car il se trouve dans sa vraie demeure, et tous ses murs se sont écroulés l'un après l'autre. La majorité des hommes ne sont guère conscients à une telle hauteur. Ils demeurent rêveurs et incapables de se rendre compte de rien. Mais ce qu'ils voient est plus ou moins réel suivant le degré de développement que chacun a atteint. Cependant, chaque fois qu'ils reviendront à ce niveau, comme ils auront progressé, cette vie, la plus vraie de toutes, sera naturellement pour eux plus étendue et plus intense.

À mesure que s'effectue ce changement, la vie causale devient elle-même de plus en plus longue, atteignant des proportions bien plus considérables que sur les plans inférieurs. Peu à peu l'homme se trouve capable, non seulement de recevoir, mais de donner. C'est alors véritablement que son triomphe approche, car il apprend la leçon du Christ, l'apothéose du sacrifice glorieux, la suprême joie de donner toute sa vie pour le soulagement de ses semblables, l'abandon du moi à tous, de la force céleste au service de l'humanité, de toutes ces splendides forces d'en haut à l'aide de ceux qui, sur terre, livrent le grand combat. Telle est en partie la vie qui s'ouvre devant nous. Tels sont les échelons que, même nous qui ne sommes encore qu'au bas de l'échelle d'or, nous pouvons voir s'étager au-dessus de nous. Cela nous met à même aussi de les faire connaître à ceux qui ne les ont pas encore vus, afin qu'ils arrivent comme nous à ouvrir les yeux sur l'inimaginable splendeur qui les entoure ici et maintenant, dans leur sombre vie de tous les jours. Elle fait partie de l'évangile de la Théosophie : la certitude d'un avenir si sublime, cet avenir, puisqu'il existe déjà ici-bas et puisque, pour le posséder, il suffit que nous nous en rendions dignes.

CHAPITRE VII

LA RÉINCARNATION

La vie de l'égo dans son propre monde, si belle et si complètement heureuse pour l'homme développé, ne joue qu'un très petit rôle chez les sujets ordinaires. L'égo, dans leur cas, n'a pas atteint un degré de développement suffisant pour être éveillé dans le corps causal. Conformément à la loi de la nature, il s'y est bien retiré certes, mais en même temps il a perdu la sensation de la vie. Et le désir incessant qu'il a de la posséder à nouveau, le pousse une fois de plus à descendre dans la matière.

Voici donc, dans l'état actuel de son avancement, la marche que suit l'évolution de l'homme : il se développe en descendant dans la matière plus grossière et il remonte ensuite pour rapporter en lui-même le résultat des expériences qu'il a faites. Sa vie, en réalité, dure des millions d'années et ce à quoi nous avons l'habitude de donner le nom de vie est seulement un jour de cette longue existence. Pour être juste, c'est une fraction de jour qu'il faudrait dire. Car une vie de soixante-dix ans dans le monde physique est souvent suivie d'une période vingt fois plus longue dans les sphères supérieures. Nous laissons derrière nous une véritable série de ces vies physiques; l'homme ordinaire en a même encore pas mal devant lui. Chacune d'elles est, si je puis m'exprimer ainsi, une simple journée de classe. L'égo endosse son vêtement de chair et se rend à l'école du monde physique pour y apprendre un certain nombre de leçons. Durant cette journée de classe qu'est la vie terrestre, ou bien il étudie ces leçons, ou bien il ne les étudie pas, ou bien enfin il les étudie en partie, selon les cas. Puis il dépouille son vêtement de chair et retourne chez lui, à son propre niveau, pour se reposer et se délasser. Au matin de chaque vie nouvelle, il reprend sa leçon précisément à l'endroit où il l'avait laissé la veille. Il y a des leçons dont l'étude ne lui demande qu'un seul jour; il y en d'autres pour lesquelles il lui en faut plusieurs. S'il est un bon élève, et apprend avec rapidité ce qu'il est nécessaire qu'il sache, s'il se met au courant des règlements de l'école et se donne la peine d'y conformer sa conduite, le temps qu'il y passe est relativement court. Alors, quand il en sort, ainsi bien muni, il retourne à la vraie vie des mondes supérieurs dont toutes les autres ne sont que la préparation. Certains égos ont l'intelligence moins vive, et se montrent moins bon élèves ; quelques-uns ne saisissent pas les règlements et par cela même y désobéissent constamment ; d'autres sont indociles, et même quand ils connaissent ces règlements de l'école, ne peuvent se résoudre à se plier à leurs exigences. Pour ceux-là le temps d'école est beaucoup plus long, et ainsi, par leurs propres actions, ils déterminent le laps de temps qui les sépare encore de la vraie vie des sphères supérieures.

Car, dans cette école, jamais élève n'a subi d'échec. Chacun arrive forcément au but. Quant à cela, il n'a pas le choix ; mais, par contre, la durée du temps qu'il lui faut pour se perfectionner en vue des examens supérieurs dépend entièrement de lui. L'élève raisonnable, se rendant compte que cette vie d'école n'est rien en elle-même, sinon la préparation à une vie plus glorieuse et infiniment plus développée : s'efforce de s'assimiler aussi complètement que possible les règles de son école, et dans la mesure de ses moyens il y conforme étroitement sa vie, de sorte qu'il ne perd pas un instant dans l'étude de ce qui lui est indispensable. Il coopère intelligemment avec les Instructeurs, se met à l'œuvre et fait le maximum d'ouvrage, afin d'atteindre le plus tôt possible sa majorité, et d'entrer dans son royaume en égo glorifié.

La Théosophie nous explique les lois auxquelles est soumise cette vie d'école ; elle est ainsi d'un grand avantage pour ceux qui l'étudient. La première grande loi est celle de l'évolution. Chacun de nous doit devenir parfait, et, pour cela, il doit déployer dans toute leur ampleur les facultés divines qui dorment en lui ; ce déploiement n'est-il pas l'unique but à atteindre ? Cette loi de l'évolution nous pousse méthodiquement vers des conquêtes de plus en plus élevées. L'homme vraiment sage essaye d'aller au-devant de ce qu'elle réclame de lui ; il prend la précaution de voir d'avance les cours d'études indispensables, et, en agissant ainsi, non seulement il évite tout choc pénible avec elle, mais il obtient, par le fait même de sa manière d'agir, le maximum d'aide. L'homme qui s'attarde dans la course de la vie, se trouve perpétuellement gêné par la pression qui peut même devenir douloureuse s'il lui oppose une résistance systématique. Ainsi sur le sentier de l'évolution, il a toujours l'impression qu'il est poursuivi à la fois et conduit par sa destinée. L'homme qui s'aide, au contraire, d'une façon intelligente, reste parfaitement libre de choisir la voie dans laquelle il lui plaît de s'engager, du moment qu'elle le mènera en avant et qu'elle l'élèvera.

La seconde grande loi qui régit cette évolution est la loi de cause et d'effet, et celui qui crée l'un, fait naître l'autre en même temps. C'est ainsi que, dans la nature, il n'y a aucune intention de récompense ou de châtiment ; tout y va de cause à effet. En mécanique et en chimie, il est facile de s'en rendre compte ; le clairvoyant, lui, le voit bien, même quand il s'agit de problèmes de l'évolution. Des lois semblables régissent les mondes supérieurs et les mondes inférieurs ; là, comme ici-bas, l'angle de réflexion est égal à l'angle d'incidence. Et cette loi de la mécanique : l'action et la réaction sont égales et opposées, s'y applique également. Toutefois, quand il s'agit de la matière infiniment subtile des mondes supérieurs, la réaction n'est pas toujours instantanée ; quelquefois elle se fait attendre longtemps, mais elle se produit inévitablement et mathématiquement.

En vertu de cette loi supérieure, tout aussi certaine, d'ailleurs, dans son application que l'est la loi mécanique dans le monde physique, l'homme, selon qu'il émet de bonnes ou de mauvaises pensées, ou qu'il accomplit de bonnes ou mauvaises actions, reçoit avec une égale certitude, en retour, le bien ou le mal, non pas, répétons-le, à titre de récompense ou de châtiment infligé par quelque volonté extérieure, mais simplement par un phénomène défini qui résulte de ses propres actions. Il est aisé de se rendre compte d'un effet mécanique dans le monde physique, parce que la réaction est, en général, presque immédiate, et que, par conséquent, on peut en saisir la valeur. Mais, dans les mondes supérieurs, il n'en est pas de même, car elle y est plus longue à se produire et que ses effets, au lieu de se faire sentir au cours de la même vie physique, attendent souvent une existence future.

L'application de cette loi fournit la solution d'un grand nombre des problèmes de notre vie ordinaire. Grâce à elle, nous comprenons que chacun ait une destinée qui lui soit imposée ; et aussi que de si notables différences se manifestent parmi les hommes. Si l'un se montre intelligent sur quelque matière en particulier tandis qu'un autre parait stupide, c'est assurément parce que, dans une vie antérieure, le premier a consacré tous ses efforts à l'étude de cette matière, alors, que le second s'y intéresse pour la première fois. Les génies et les enfants précoces sont des exemples, non de ce que peut créer le favoritisme de quelque divinité, mais plutôt du résultat qu'il est possible d'obtenir après plusieurs vies de travail et d'application. Tous les évènements qui se produisent autour de nous ne sont que la conséquence directe de nos propres actions passées, exactement comme le sont les qualités que nous possédons. Nous sommes ce que nous nous sommes faits nous-mêmes, et les circonstances de notre vie sont en raison directe des mérites que nous avons acquis.

Tout cela, cependant, est déterminé et proportionné. Bien que la Loi soit, dans son application, naturelle et mécanique, sa mise à exécution, cependant, est confiée à de grands "Anges". Certes, ils ne peuvent faire varier, si peu que ce soit, l'effet d'une pensée ou d'un acte en particulier, mais ils peuvent, dans une certaine limite, hâter ou retarder son action, et décider de quelle façon il se fera sentir.

S'il n'en était pas ainsi, aux stades primitifs de son évolution, il pourrait arriver à l'homme de commettre des erreurs d'une telle gravité, que d'en supporter les conséquences soit au-dessus de ses forces. Ce que la Divinité se propose, c'est de donner à l'homme une certaine dose de libre arbitre ; s'il sait en user avec sagesse, il acquiert le droit d'en posséder un peu plus dans sa nouvelle vie ; si, au contraire, il en fait un mauvais emploi, la souffrance l'étreint et il se trouve limité et gêné par les résultats de ses actions passées. Au fur et à mesure que l'homme est plus apte à se servir de son libre arbitre, il lui en est confié de plus en plus, de sorte que, à force de pratique, il lui est possible d'acquérir une liberté sans bornes dans la voie du bien, en même temps que sa faculté de mal faire a totalement disparu. Il peut donc progresser avec telle rapidité qu'il lui plaît, mais non ruiner sa vie par son ignorance. Aux premiers stades de la vie sauvage de l'homme à l'état primitif, il est tout naturel qu'il y ait dans l'ensemble de sa nature plus de mal que de bien ; on comprend facilement que si le résultat de ses actions devait se faire sentir immédiatement, il serait à craindre, étant donné son degré de développement encore si peu avancé, que les facultés nouvellement éveillées en lui, et encore si faibles, ne soient tout à fait anéanties.

En outre, les effets qui résultent des diverses actions de l'homme sont de caractères variés. Tandis que quelques-uns se produisent immédiatement, d'autres demandent un temps plus long, et il s'ensuit que plus l'homme a vécu, plus s'agrandit, au-dessus de sa tête, le nuage formé par ces résultats qui ne se sont pas encore fait sentir. Parmi eux, les uns sont bons, les autres mauvais. De cette masse (que nous pouvons assimiler à une dette vis-à-vis des forces de la nature), une partie lui échoit à chacune de ses naissances successives, et c'est cette partie qui lui est ainsi assignée, dont on peut dire qu'elle est la destinée de l'homme pendant chaque vie prise en particulier.

Cela signifie tout simplement qu'une chose déterminée de joies et de souffrances, lui sont réservées et lui arriveront inévitablement : Comment acceptera-t-il cette destinée et quel usage en fera-t-il ? Voilà qui dépend de lui. Une certaine quantité de force doit s'épuiser. L'action de cette force, rien ne peut la contrarier, mais elle est toujours susceptible d'être modifiée par l'application d'une nouvelle force de direction contraire, exactement comme cela se produit en mécanique. Le résultat d'une mauvaise action, c'est une dette comme une autre. On peut s'en acquitter soit par chèque d'une grande valeur, sur la banque de la vie : quelque suprême catastrophe ; soit par quantités de petits acomptes : soucis et ennuis de moindre importance ; soit même, enfin, avec la petite monnaie d'un nombre considérable de contrariétés insignifiantes. Mais il y a une chose certaine : c'est que, sous une forme ou sous une autre, il faudra s'en acquitter.

Donc, les conditions de notre vie actuelle résultent, incontestablement, de nos propres actes passés. Nous pouvons dire de même que nos actions déterminent la vie qui suivra la nôtre. Un homme qui se trouve limité, soit par ses propres moyens, soit par des circonstances extérieures indépendantes de sa volonté, n'est pas toujours à même, dans cette vie, de devenir ce qu'il aurait souhaité ou de se créer la vie qu'il aurait désiré mener. Mais il peut avec certitude s'assurer pour la prochaine de tout ce qu'il lui plaira d'avoir. Nos actions ne se bornent pas à nous ; elles affectent d'une façon invariable ceux qui nous entourent. Dans quelques cas, les effets qu'elles produisent sont assez insignifiants; dans d'autres, au contraire, ils acquièrent une grande importance. Les premiers, qu'ils soient bons ou mauvais, ne sont que de petits dus ou avoirs, au compte que nous avons avec la nature; mais les autres, bons ou mauvais, sont des comptes personnels qui ne peuvent être réglés que directement avec le créancier.

Un repas donné à un mendiant, une parole consolante qui l'encourage, voilà de bonnes actions dont la conséquence sera une part prise dans cette sorte de fonds commun que constituent les bienfaits de la nature. Mais l'homme qui, par quelque bonne action, arrive à détourner le courant de la vie d'un de ses semblables, peut être assuré de le rencontrer dans une vie future, car il faut que celui qui a jadis profité d'un bienfait, trouve un jour ou l'autre l'occasion de le rendre. Si ce n'est donc qu'un ennui que nous avons causé, bien sûr nous en souffrirons à proportion d'une manière ou d'une autre; mais il peut arriver que jamais nous ne rencontrions ceux auxquels nous avons fait de la peine. Au contraire, s'il s'agit d'un tort sérieux, capable de ruiner une vie ou de retarder une évolution, nous rencontrerons sûrement, notre victime dans un temps plus ou moins éloigné parce que, inévitablement, il faut que l'occasion se présente pour nous de réparer, à force de bonté et d'oubli de nous-mêmes, le tort que nous lui avons fait. Bref, les dettes importantes sont personnelles ; les petites peuvent aller grossir le fonds commun.

En résumé, donc, voici quels sont les principaux facteurs qui déterminent la naissance prochaine de l'homme. En premier lieu, agit la grande loi de l'évolution qui tend surtout à le diriger vers la situation où il pourra le mieux développer les qualités qui lui sont avant tout nécessaires.

Et dans ce but général, l'humanité est divisée en races appelées races-mères, qui gouvernent et occupent le monde à tour de rôle. La grande race aryenne ou indo-caucasienne, qui, à l'heure actuelle, renferme les habitants les plus avancés de la terre, en est une. Celle qui l'avait précédée dans la marche de l'évolution était la race mongolique, appelée, dans les livres de Théosophie, atlantéenne, parce que le continent d'où elle dominait le monde se trouvait précisément à l'endroit où, aujourd'hui, roulent les eaux de l'océan Atlantique. Encore avant c'était la race nègre, dont quelques descendants existent encore, bien que mélangés à des rejetons de races plus récentes. De chacune de ces grandes races-mères, naissent des branches que nous appelons sous-races, comme, par exemple, les races romanes ou teutoniques ; et de chacune de ces sous-races partent des rameaux : Français et Italiens ; Anglais et Allemands.

Ces dispositions ont pour but de procurer à chaque égo un grand choix de conditions et d'entourages variés. Chaque race a une raison d'être. Elle est destinée à développer, chez ses représentants, l'une ou l'autre des qualités que nécessite l'évolution.

Dans chaque nation, il existe un nombre presque infini de conditions différentes; il s'y trouve de la richesse, sans doute, mais aussi de la pauvreté; aux uns, s'offrent mille occasions d'arriver, aux autres, rien; à ceux-là, de grandes facilités pour l'œuvre de leur développement, à ceux-ci, des obstacles parfois insurmontables. Quel que soit le cas, la pression exercée d'après la loi de l'évolution tend toujours à diriger l'homme précisément vers celle de ces conditions qui peut le mieux, dans les circonstances actuelles de sa vie, servir ses intérêts. Cette tendance de la loi de l'évolution est cependant limitée par la loi de cause et d'effet dont il a été question plus haut; il se peut, il est vrai, que, dans son passé, l'homme ait agi de telle sorte qu'il ne mérite pas, si je puis m'exprimer ainsi, de trouver en retour, sur son chemin, les occasions les plus favorables à son évolution; qu'il ait, par exemple, mis en œuvre certaines forces limitatives, et que ces forces l'empêchent de tirer le meilleur parti possible des occasions qui se présentent à lui, de sorte que ses actions passées l'obligent à se contenter d'un moindre profit. Il est donc vrai de dire que l'application de la loi de l'évolution, qui, livrée à elle-même, nous ferait à chacun le plus grand bien, se trouve contrariée par nos propres actes antérieurs.

Un facteur important, capable d'agir très puissamment pour le bien ou pour la mal, est l'influence exercée par le groupe d'égos avec lesquels l'homme s'est plus spécialement lié autrefois — qui se sont alors fort attachés à lui, soit par amour, soit par haine, soit pour l'aider, soit pour lui nuire, et qu'il lui faut rencontrer encore sur le chemin de l'évolution, à cause des relations qu'il a eues jadis avec eux. Il est certain qu'il faille tenir compte de ces relations quand on veut déterminer où et dans quelle atmosphère l'homme est destiné à renaître.

La volonté de la Divinité est l'évolution de l'homme. L'effort de la nature, expression de la Divinité, consiste à donner à l'homme ce qui lui convient le mieux en vue de cette évolution. Mais l'évolution elle-même dépend des mérites qu'il a eus dans le passé, et des liaisons qu'il s'est créées On pourrait supposer qu'un homme, en s'incarnant, puisse apprendre les leçons qui lui sont nécessaires pour cette, vie, quelle que soit la position qu'il y occupe. Dans la moitié des cas et plus, cela ne lui est pas possible, en raison des conséquences qu'ont entraînés certaines de ses nombreuses actions passées. Dans les quelques chances qui lui restent, ses actes sont déterminés par la présence, dans sa famille ou dans son entourage, d'égos qui lui sont redevables de services rendus ou vis-à-vis desquels, à son tour, il a contracté une dette d'affection.

CHAPITRE VIII

LE BUT DE LA VIE

Pour remplir notre devoir, selon le plan tracé par la Divinité, il faut que nous cherchions à comprendre, non seulement en quoi consiste ce plan dans son ensemble, mais aussi la part personnelle qui nous y est assignée. C'est dans le règne minéral que le souffle divin pénètre la matière la plus dense. Il atteint son maximum de différenciation, non pas au niveau tout à fait inférieur de la matérialité, mais quand il s'introduit dans le règne humain, sur l'arc ascendant de l'évolution. Ainsi cette évolution comprend trois stades :

   a. L'arc descendant. Dans cette phase, on observe une tendance marquée à la fois dans le sens de la différenciation et dans celui d'une matérialité plus complète. L'esprit s'y enveloppe de matière dans le but de s'exercer à recevoir des impressions par son intermédiaire.

b. La naissance de l'arc ascendant. Ici, c'est toujours vers la différenciation plus complète que se manifeste la tendance, mais en même temps aussi vers la spiritualisation et la matérialité est peu à peu abandonnée. Au cours de cette phase, l'esprit s'exerce à dominer la matière et à la considérer seulement comme une simple expression de lui-même.

c. La dernière partie de l'arc ascendant qui marque le terme final de la différenciation en même temps que la tendance vers l'unité et la haute spiritualité. À cette période, l'esprit, ayant appris d'une façon parfaite ce qu'il faut pour recueillir des impressions et pour s'exprimer à travers la matière, ayant de plus éveillé toutes ses facultés latentes, apprend à mettre ces facultés au service de la Divinité.

Le but de toute l'évolution antérieure a été de produire un égo qui soit une manifestation de la Monade. L'égo, à son tour, évolue; pour cela, il descend et s'introduit successivement dans un certain nombre de personnalités. Les hommes qui ne se rendent pas compte de cela regardent la personnalité comme l'être lui-même, par conséquent ne vivent que pour elle et règlent leurs existences uniquement en vue de ce qu'ils croient être son intérêt momentané. Par contre, l'homme qui le comprend voit bien que la vie de l'égo est importante et que c'est dans le but unique de son avancement que doit être utilisée la personnalité. Voilà pourquoi, lorsqu'il a à choisir entre deux partis possibles, il ne tient pas ce raisonnement comme le ferait l'homme ordinaire : "Quel est celui dont ma personnalité profitera le mieux ?" Mais bien : "Lequel risque le plus de faire avancer mon égo ?" L'expérience ne tarde pas à lui enseigner que rien ne peut lui être réellement bon, ni à personne, qui ne soit en même temps bon pour tous ; bientôt ainsi, il s'habitue à s'oublier lui-même et à ne plus désirer que ce qui peut le plus rendre service à l'humanité tout entière. Il apparaît alors clairement que, à ce stade de l'évolution, tout ce qui tend vers l'unité ou la spiritualité est totalement en accord avec le plan tracé à notre intention par la Divinité, et ne peut que nous être favorable, tandis que tout ce qui tend à la séparation ou à la matérialité est également mauvais pour nous. Il y a des pensées et des émotions qui tendent à l'unité ; telles sont : l'amour, la sympathie, le respect, la bienveillance ; il y en a d'autres qui tendent à la désunion ; par exemple la haine, la jalousie, l'envie, l'orgueil, la cruauté, la peur. Sans contredit, le premier groupe représente pour nous le bien, le second, le mal.

Parmi les pensées et les sentiments tout à fait mauvais, ce qui domine, c'est l'égoïsme, dans les bons, au contraire, la pensée est sans cesse préoccupée d'autrui, oubliant tout ce qui se rapporte au "moi". D'où il faut conclure que l'égoïsme est le plus grand des maux, et que, au contraire, le parfait oubli de soi-même est la forme supérieure de la vertu. Voilà une indication précieuse pour la règle de vie que nous devons adopter. L'homme qui a le désir de coopérer avec la Volonté divine, doit éloigner de lui toute pensée qui se rapporte à quelque avantage ou à quelque plaisir personnel, et avoir soin de consacrer exclusivement tous ses efforts à l'exécution des désirs de la Volonté divine, cela en travaillant au bien et au bonheur des autres.

Cet idéal est beau, mais difficile à atteindre en raison de la dose énorme d'égoïsme que nous avons laissé derrière nous. Nous sommes, pour la plupart, bien loin de l'altruisme. Comment pourrions-nous travailler à le pratiquer, nous qui manquons encore de ce qui fait vraiment les bonnes qualités et qui possédons tant de défauts ?

Ici intervient l'application de la grande loi de cause et d'effet citée plus haut. Si nous croyons aux lois de la nature dans le monde physique, pourquoi ne le ferions-nous pas aussi quand il s'agit des lois qui régissent le monde supérieur. Les défauts que nous nous découvrons ont grandi peu à peu en nous à cause de notre ignorance et de notre indulgence pour nous-mêmes. Maintenant que l'ignorance a fait place au savoir, maintenant que, par conséquent, nous reconnaissons que nos défauts nous sont nuisibles, le moyen de nous en débarrasser apparaît clairement à nos yeux.

À chacun de nos vices, il faut opposer une vertu ; si l'un d'eux semble vouloir s'établir en nous, prenons la décision d'y développer la vertu contraire. Si nous nous rendons compte que, dans le passé, nous avons fait preuve d'égoïsme, c'est-à-dire si, avant tout, nous avons pris l'habitude de penser à nous d'abord et de nous satisfaire, de ne nous en rapporter qu'à nos propres aises ou à notre plaisir, sans penser à ce qui pourrait en résulter pour les autres, mettons-nous à l'œuvre en vue de développer des habitudes absolument contraires, efforçons-nous de ne rien faire avant d'avoir réfléchi, au préalable, des conséquences possibles de nos actes ; habituons-nous à faire plaisir aux autres, même si cela doit nous causer quelque ennui ou nous occasionner quelque privation. Bientôt, cela nous semblera tout naturel, et ainsi la bonne qualité aura anéanti le défaut.

Si nous reconnaissons que nous sommes soupçonneux, toujours prêts à attribuer quelque mauvaise intention aux faits et gestes d'autrui, cultivons méthodiquement la confiance en nos semblables; persuadons-nous qu'ils agissent toujours dans les meilleures intentions. On pourrait objecter que, par ce moyen, nous ne sommes pas armés contre les déceptions, et que, dans bien des cas, d'ailleurs, notre confiance serait mal placée. Certes, mais ces considérations sont de peu d'importance. Il vaut, en effet, beaucoup mieux que nous ayons à souffrir de quelques déceptions résultant de notre foi en nos semblables, que si nous les évitions en nous maintenant dans un état de perpétuel soupçon. D'ailleurs, la confiance attire la fidélité. Ne nous méfions pas, on ne nous trompera pas. Au contraire, il est plus que probable que ceux que nous soupçonnons ne manqueront pas de justifier l'accusation que nous leur portons.

Si c'est une tendance à l'avarice que nous nous découvrons, sortons sur l'heure du mauvais chemin où nous nous sommes engagés; recherchons les occasions de nous montrer généreux. Si nous nous voyons irritables, entraînons-nous à la patience; si c'est la curiosité qui nous dévore, délibérément, refusons encore et toujours de satisfaire à cette passion; si nous sommes sujets à des accès de dépression, avec persistance, cultivons la gaieté, même dans les circonstances les plus pénibles.

Quel que soit le cas, on peut dire, d'une manière générale, que tout défaut existant dans la personnalité prouve dans l'égo l'absence de la bonne qualité correspondante. Il est donc certain que le plus court moyen de se débarrasser d'un mal, est de prévenir sa réapparition en comblant la lacune qui existe dans l'égo par le développement d'une vertu. La vertu ainsi développée demeurera la propriété de l'égo et fera partie intégrante du caractère de l'homme à travers toutes ses vies futures. Un égo n'est jamais mauvais, mais il peut être imparfait. Il est incontestable que les qualités qu'il développe ne peuvent être autres que bonnes. Bien définies, elles se montrent même dans chacune de ses personnalités. Donc ces personnalités ne peuvent jamais être coupables de vices opposés à ces qualités. Mais du moment où il y a une lacune dans l'égo, c'est-à-dire, du moment où une qualité n'y est pas développée, rien dans la personnalité n'aura le pouvoir d'empêcher le vice opposé de naître et grandir, et comme dans son entourage, d'autres individus, il est certain, sont déjà affligés de ce vice ; comme, en outre, l'homme est doué d'une singulière faculté d'imitation, il est plus que probable qu'il se manifestera promptement en lui. Ce vice, toutefois, appartient exclusivement aux véhicules, et non à l'homme lui-même. Sa répétition finit par produire un "moment" très difficile à vaincre ; mais si l'égo a soin de susciter en lui la vertu opposée, le vice est détruit à la racine, et n'existe plus ni dans cette vie ni dans aucune de celles à venir.

Ce n'est pas toutefois sans rencontrer mille obstacles que l'homme parvient à développer en lui de telles qualités. Il est nécessaire qu'il apprenne à vaincre ces obstacles. Un des plus redoutables, c'est cet esprit critique de l'époque, cette disposition générale que nous avons à trouver à redire à tout, à ravaler tout ce qui est bien, à chercher la mal partout et dans chacun. C'est justement tout l'opposé qu'il faudrait pour progresser. Il faudrait que nous nous exercions, au contraire, à voir dans tout ce qu'il y a de bien et à y découvrir, ainsi que dans chacun, la Divinité cachée. À cette seule condition, nous pouvons aider les gens, et tirer le meilleur parti des choses.

Un autre obstacle, c'est le manque de persévérance. De nos jours, on n'a guère de patience. À peine avons-nous entrepris une affaire, que, déjà nous voudrions jouir de ses résultats ; si ceux que nous obtenons ne nous paraissent pas suffisants, alors nous abandonnons tout pour quelque autre tentative. Or, pour s'instruire dans les sciences occultes, le chemin à prendre est tout autre. Nous nous efforçons de limiter notre évolution à une ou deux vies, alors que la nature en demanderait peut-être cent. L'entreprise de l'évolution n'est pas de celles qui donnent des résultats immédiats. Chaque mauvaise habitude que nous essayons de déraciner représente à elle seule une entreprise difficile. Pourquoi ? Parce que c'est depuis vingt mille ans peut-être que nous nous y sommes laissé entraîne Il va de soi que nous ne puissions secouer le joug d'une habitude qui date de si loin en un jour ou deux. Comme nous avons laissé cette habitude devenir un "moment" considérable, nous devons parvenir à le dompter avant de faire intervenir contre lui une force de direction opposée. Cela demande du temps. Mais nous y parviendrons, c'est certain, si nous persévérons parce que le "moment", si puissant qu'il soit, est une valeur finie, tandis que la force que nous sommes à même de lui opposer est la puissance infinie de la volonté humaine, capable de faire des efforts réitérés de jour en jour, d'année en année, même de vie en vie, si cela est nécessaire.

Un troisième grand obstacle qui se dresse sur notre chemin est le manque de netteté dans la pensée. Les occidentaux ont les idées très peu claires en ce qui concerne les matières religieuses. Elles sont vagues et nébuleuses. Or, pour le développement occulte, cela est désastreux. Nos conceptions doivent être précises, et nos formes-pensées, définies. D'autres caractéristiques indispensables sont le calme et la gaieté, trop rares, malheureusement, dans la vie moderne, mais essentielles néanmoins à l'œuvre que nous entreprenons ici.

La méthode à suivre pour se former le caractère est tout aussi scientifique que celle qui s'applique au développement des muscles. Les gens se plaignent de ce que leur muscles sont flasques et dépourvus de forces, persuadés d'ailleurs que cela tient à leur état de santé; quiconque a quelques notions sur le corps humain, sait bien, au contraire, que, à force d'exercices répétés, ces muscles peuvent recouvrer toute leur élasticité, et entraîne, par suite, une réelle amélioration de l'état général. Il en exactement de même quand il s'agit de la santé mentale. Ceux qui sont affligés d'un mauvais caractère, ceux qui ont des dispositions marquées à l'avarice, à la méfiance, ou à une trop grande indulgence vis-à-vis d'eux-mêmes, et qui, en conséquence, commettent quelque grande erreur, causent quelque grand tort, en font le plus souvent retomber la responsabilité ou sur leur vivacité native ou sur leur naturel, et laissent entendre qu'ils n'y peuvent rien.

Dans ce cas, pourtant, comme dans le précédent, le remède est entre leurs mains. De même, en effet, qu'un exercice régulier et bien approprié développe un certain muscle en particulier, de même un exercice mental bien approprié peut développer précisément la qualité qui nous manque. L'homme ordinaire ne se rend pas compte qu'il lui est possible d'employer ces moyens, et d'ailleurs, même s'il s'en aperçoit, il ne voit pas dans quel but il le ferait ; il trouve que cela demande trop d'efforts et d'empire sur soi-même. Il n'y a pas, lui semble-t-il, de motif suffisant pour entreprendre une tâche aussi pénible et aussi difficile.

Ce motif, on le trouve dans la science de la vérité. Celui qui se fait une idée nette et précise de la direction de l'évolution sent que c'est non seulement son intérêt, mais son privilège et sa joie, d'y coopérer. Qui veut la fin veut les moyens. Pour être à même de faire le bien dans le monde, il faut développer en soi la force et les qualités nécessaires. Aussi, celui qui veut réformer le monde doit-il travailler à se reformer lui-même. Il faut qu'il apprenne à oublier ses droits, qu'il s'attache à l'accomplissement le plus strict de ses devoirs, qu'il s'habitue à envisager ses rapports avec ses semblables comme des occasions qui s'offrent à lui de les aider, de leur faire du bien, d'une façon ou d'une autre.

Celui qui étudie ces questions avec toute l'intelligence voulue, se fait incontestablement une idée de l'immense pouvoir de la pensée, mais par suite aussi de la nécessité d'y mettre un frein. Toute action naît d'une pensée ; même quand elle en est indépendante, elle exprime pourtant les pensées, les désirs et les sensations instinctives que, jadis, l'homme a trop laissé croître en lui.

Dès lors, le sage devra observer ses pensées avec le plus grand soin, puisqu'elles sont un puissant instrument dont il ne doit faire qu'un bon usage. C'est son devoir de gouverner sa pensée. Sans cela, il pourrait lui arriver de commettre des excès, et de causer ainsi préjudice à lui ou aux autres. C'est son devoir, ensuite, de développer sa puissance de pensée puisque c'est à cette seule condition qu'il peut travailler activement au bien de ceux qui l'entourent. Ainsi, mettant un frein à sa pensée et à l'action de cette pensée, éliminant de sa personne tout ce qui est mal, et faisant grandir ses bonnes qualités, l'homme parviendra rapidement à s'élever au-dessus de ses semblables, et s'en distinguera visiblement comme tous ceux qui travaillent pour le bien contre le mal, pour l'évolution contre l'engourdissement.

Les membres de la grande Hiérarchie entre les mains desquels se trouve l'évolution du monde, sont toujours à la recherche d'hommes de ce genre ; ils leur apprennent ce qu'il faut faire pour aider à la grande œuvre. Il est naturel que le sage attire leur attention ; tout d'abord, ils s'en servent comme d'un simple instrument. Selon les capacités dont il fait preuve, il avance plus ou moins rapidement. Bientôt, il est chargé d'une fonction spéciale et devient apprenti. Puis à force d'aider ainsi ces maîtres de notre évolution dans les affaires du monde dont Ils ont à s'occuper, un jour viendra peut-être où cet apprenti, devenant semblable à Eux, fera partie de la grande confrérie à laquelle Ils appartiennent.

Cependant, pour arriver à de tels honneurs la simple bonté ordinaire ne suffit pas. Certes, avant tout, il faut que l'homme soit bon; ou alors, il n'y aurait pas d'espoir qu'il ne pût jamais se rendre utile. Mais il doit, de plus, être sage et fort. Ce dont on a besoin, ce n'est pas seulement d'un homme bon, c'est d'un grand pouvoir spirituel. Il ne suffit pas qu'il ait rejeté toutes faiblesses; il faut qu'il ait acquis de fortes et de réelles qualités, avant de pouvoir se présenter à Eux avec quelque espoir d'être accepté. Ce n'est pas en étourdi ni en égoïste qu'il doit agir, c'est en égo intelligent, ayant conscience du rôle qui lui est réservé dans le grand système de l'univers. Et puis, il doit encore s'oublier entièrement lui-même, renoncer à toute idée de profit matériel, de plaisir ou d'avancement, sacrifier toutes choses et lui-même en premier lieu, aux intérêts supérieurs de la tâche à accomplir. Vivant au milieu du monde, il faut cependant qu'il ne soit pas du monde; que lui importe d'ailleurs son opinion? Lorsqu'il s'agit de venir en aide au prochain, qu'il se grandisse au point de devenir plus qu'un homme; rayonnant, joyeux, inébranlable, qu'il vive exclusivement pour les autres; qu'enfin, son seul but soit d'être l'expression de l'Amour divin ici-bas. Quel bel idéal, et quelle élévation! Accessible, toutefois, puisque quelques-uns y sont déjà parvenus.

Quand un homme a réussi à développer des facultés latentes au point d'attirer l'attention des Maîtres de la Sagesse, voici ce qui peut se passer. L'un d'entre Eux le reçoit d'abord à titre de novice. Son temps d'épreuve dure environ sept ans, mais peut être diminué ou augmenté au gré du Maître. Si son travail a été satisfaisant, il devient ce qu'on a l'habitude d'appeler: élève agréé. Alors, il entre en relation directes avec son Maître dont les vibrations lui arrivent sans cesse, de sorte que, peu à peu, il devient apte à regarder toute chose comme son Maître lui-même. Après un nouveau laps de temps, si, véritablement, il en est jugé digne, ses relations deviennent de plus en plus étroites; on l'appelle alors le Fils du Maître

Ces trois étapes indiquent seulement ses relations avec son propre Maître, non avec la Confrérie tout entière. Celle-ci, en effet, n'admet personne dans son sein, qui ne soit digne de recevoir la première des grandes Initiations.

On peut dire de cette admission dans la Confrérie de Ceux qui gouvernent le monde, qu'elle est la troisième grande crise dans l'évolution de l'homme. La première, en effet, c'est le moment où l'homme s'individualise, au sortir du règne animal, et acquiert un corps causal. La seconde, c'est ce que les Chrétiens appellent: "la conversion", ce que les Indous nomment "l'acquisition du discernement" et les Bouddhistes, "l'ouverture des portes de l'esprit". À ce moment, les grands faits de la vie apparaissent à l'Initié; il se détourne de tout but égoïste et se laisse entraîne dans le grand courant de l'évolution, pour obéir à la Volonté divine. La troisième est la plus importante de toutes, car l'Initiation qui ouvre à l'homme les portes de la Confrérie, le préserve en même temps de toute omission quand il s'agit de répondre à la Volonté divine en temps voulu. C'est pourquoi ceux qui ont atteint à ce haut degré sont appelés par les Chrétiens: "les élus, les sauvés", et par les Bouddhistes: "ceux qui sont entrés dans le courant". Ils sont désormais certains de dépasser cet état même, et d'arriver à celui d'Adepte, qui marque leur passage dans un genre d'évolution définitivement surhumain. L'homme arrivé au rang d'Adepte a accompli la Volonté divine, du moins dans notre chaîne de mondes. Même à l'heure actuelle, en plein milieu de l'éon d'évolution, il est parvenu au stade définitif prescrit à l'homme. Il est donc libre de s'employer, pendant le temps qui lui reste, soit à aider ses semblables, soit à travailler d'une façon plus noble encore, à l'œuvre d'autres évolutions plus élevées. Celui qui n'est pas initié risque d'être délaissé par notre vague d'évolution actuelle, et rejeté dans la précédente — "Condamnation éonienne" dont le Christ a parlé, et qu'a tort on a traduite par : "damnation éternelle". C'est cette destinée qui nous conduit à un "échec éonien" possible — échec pour cet âge ou cette vague de vie — qui fait que l'homme qui a reçu l'initiation est "sauf". Il est "entré dans le courant" qui, désormais, est obligé de le porter, dans l'âge actuel, jusqu'à l'Adeptat ; et pourtant, il est encore possible pour lui, par sa façon d'agir, d'accélérer ou de retarder sa marche en avant sur le sentier qu'il parcourt.

La première Initiation peut être comparée à l'inscription qui fait qu'un étudiant est admis dans une Université, et la promotion à l'Adeptat correspond à un diplôme de fin d'études. Pour continuer le parallèle, disons qu'il y trois examens intermédiaires qu'on nomme généralement : la seconde, la troisième, la quatrième Initiations ; l'admission à l'Adeptat représentant la cinquième. On peut se faire une idée générale de la ligne de cette évolution plus élevée, en étudiant la liste de ce que les livres bouddhistes appellent les

"Chaînes" qui doivent être brisées et qui ne sont autres que les défauts dont il faut que l'homme se débarrasse au fur et à mesure qu'il avance sur le sentier de l'évolution. Ce sont : le doute et l'incertitude ; la superstition ; l'attachement aux plaisirs ; la haine ; le désir de vivre ; soit ici-bas, soit dans les mondes supérieurs ; l'orgueil, l'agitation ou l'irritabilité ; enfin l'ignorance. Parvenu à l'Adeptat, l'homme a épuisé toutes les possibilités d'un développement moral plus parfait, et ainsi l'évolution future, qui s'ouvre désormais devant lui, ne peut plus développer en lui qu'un savoir bien plus étendu, qu'un pouvoir spirituel plus extraordinaire encore.

CHAPITRE IX

LES CHAÎNES PLANÉTAIRES

Le plan d'évolution auquel appartient notre terre n'est pas le seul du système solaire ; dix chaînes distinctes de globes, qui sont le théâtre de progrès quelque peu similaires, existent dans ce système. Chacun de ces plans d'évolution se déroule sur une des chaînes de globes ; et chaque chaîne de globes, au cours d'une évolution, traverse sept incarnations. Le plan suivi, et par chaque évolution dans son ensemble et, par les incarnations successives de sa chaîne de globes, consiste en ceci : s'enfoncer peu à peu profondément dans la matière, et ensuite, peu à peu aussi s'en dégager.

Chaque chaîne se compose de sept globes et les globes, tout aussi bien que les chaînes, obéissent à la loi générale ; tous descendent d'abord dans la matière pour en ressortir après. Afin de le mieux faire comprendre, prenons pour exemple la chaîne à laquelle appartient notre Terre. À l'époque actuelle, elle est dans sa quatrième incarnation, c'est-à-dire dans la plus matérielle de toutes. Il s'ensuit que trois de ses globes appartiennent au monde physique, deux au monde astral et deux à la partie inférieure du monde mental. La vague de vie divine passe, sur cette chaîne, successivement de globe en globe, commençant avec l'un des plus élevés, descendant petit à petit jusqu'au plus bas, et remontant alors pour atteindre son niveau primitif.

Pour plus de facilité, désignons les sept globes par les premières lettres de l'alphabet et les incarnations par des chiffres. Ainsi, comme nous en sommes à la quatrième incarnation de notre chaîne, le premier globe de cette incarnation sera représenté par 4 A, le second par 4 B, le troisième par 4 C, le quatrième (qui est notre Terre) par 4 D, et ainsi de suite.

Ces globes ne sont pas tous formés de matière physique. 4 A ne contient pas du tout de matière inférieure à celle du monde mental ; il a sa contrepartie seulement dans les mondes plus élevés. 4 B existe dans le monde astral, mais 4 C est un globe physique visible au télescope et, en fait, n'est autre que la planète Mars. Le globe 4 D est notre propre Terre, sur laquelle la vague de vie de la chaîne se manifeste actuellement. Le globe 4 E, c'est la planète Mercure, aussi dans le monde physique. Le globe 4 F est dans le monde astral ; il correspond, sur l'arc ascendant, à 4 B sur l'arc descendant, tandis que 4 G correspond à 4 A, et a comme lui sa manifestation la moins élevée dans la partie inférieure du monde mental. Ainsi, nous avons une suite de globes, partant de la partie inférieure du

monde mental, s'enfonçant à travers le monde astral, dans le monde physique, et s'élevant de nouveau dans le monde mental inférieur, encore à travers le monde astral.

Les choses se passent exactement de la même façon pour les incarnations successives d'une chaîne Nous venons d'exposer l'état de choses dans la quatrième incarnation ; si nous regardons en arrière, nous trouvons que la troisième, au lieu de débuter par la partie inférieure du monde mental, a pour origine sa partie supérieure. Donc les globes 3 A et 3 G sont tous deux constitués de matière mentale supérieure ; les globes 3 B et 3 F sont au niveau mental inférieur ; 3 C et 3 E appartiennent au monde astral et, seul, le globe 3 D est visible dans le monde physique. Bien que cette troisième incarnation de notre chaîne soit finie de longue date, le cadavre du globe physique 3 D est visible pour nous : c'est la Lune, cette planète morte que nous connaissons bien. D'où le nom de chaîne lunaire donné à cette troisième incarnation.

La cinquième incarnation de notre chaîne, qui aura lieu dans un futur encore très éloigné, correspondra à la troisième. Dans celle-là, le globe 5 A et 5 G seront faits de matière mentale supérieure, les globes 5 B et 5 F, de matière mentale inférieure, 5 C et 5 E, de matière astrale, et seul le globe 5 D sera dans le monde physique. Bien entendu, la planète 5 D n'existe pas encore.

Les autres incarnations de la chaîne suivent la même règle générale et deviennent de moins en moins matérielles; 2 A, 2 G, 6 A et 6 G sont tous du monde de l'intuition; 2 B, 2 F, 6 B, 6 F appartiennent à la partie supérieure du monde mental; 2 C, 2 E, 6 C, 6 E se trouvent dans la partie inférieure du monde mental; 2 D et 6 D sont dans le monde astral. De même 1 A, 1 G, 7 A, 7 G appartiennent au monde spirituel; 1 B, 1 F, 7 B, 7 F sont dans le monde de l'intuition; 1 C, 1 E, 7 C, 7 E sont dans la partie supérieure du monde mental; 1 D et 7 D sont dans la partie inférieure de ce même monde.

Ainsi, on voit que la vague de vie, en passant à travers une chaîne de globes, non seulement s'enfonce dans la matière et en ressort ensuite, mais que la chaîne elle-même, dans ses incarnations successives, suit une voie identiquement analogue.

Il y a dix plans d'évolution dans notre système solaire, mais seuls, sept d'entre eux ont des planètes dans le monde physique. Ce sont :

1. Celui d'une planète, non reconnue, appelée Vulcain, qui se trouve très près du soleil, et qui en est à sa troisième incarnation ; il ne possède donc qu'un globe visible ;
2. Celui de Vénus qui a atteint sa cinquième incarnation et n'a de même, par conséquent, qu'un seul globe qui soit visible ;
3. Celui de la Terre, de Mars et de Mercure, qui possède trois planètes visibles parce qu'il en est à sa quatrième incarnation ;
4. Celui de Jupiter ;
5. Celui de Saturne ;
6. Celui d'Uranus, tous dans leur troisième incarnation ; et
7. Celui de Neptune et des deux planètes sans nom se trouvant au-delà de son orbite, qui en est à sa quatrième incarnation, et, en conséquence, possède trois planètes physiques, comme nous.

Dans chaque incarnation d'une chaîne (ce qu'on appelle communément période-chaîne), la vague de vie divine fait sept fois le tour de la chaîne des sept planètes; chacun de ces mouvements se nomme ronde. Le temps que la vague de vie demeure sur chaque planète, c'est une période mondiale; dans le cours d'une période mondiale, il y a sept grandes races-mères; comme nous l'avons déjà expliqué, ces races-mères se subdivisent en sous-races, et ces sous-races elles-mêmes, en rameaux. Pour l'intelligence de ces faits, résumons-les dans le tableau suivant:

7 Rameaux	font 1 Sous-Race
7 Sous-Races	font 1 Race-Mère
7 Races-Mères	font 1 Période-Mondiale
7 Périodes Mondiales	font 1 Ronde
7 Rondes	font 1 Période-Chaîne
7 Périodes-Chaînes	font 1 Plan d'évolution
7 Plans d'évolution	font notre système solaire

Il est clair que la quatrième race-mère du quatrième globe de la quatrième ronde de la quatrième période-chaîne doit être le point central de tout un plan d'évolution ; nous-mêmes, à l'heure actuelle, nous sommes seulement un peu au-delà de ce point.

La race aryenne à laquelle nous appartenons est la cinquième race-mère du quatrième globe, de sorte que le milieu de notre évolution était le temps de la dernière grande race-mère, la race atlantéenne. Donc la race humaine, considérée dans son ensemble, n'a parcouru qu'un peu plus de la moitié de son évolution. Seules les quelques rares âmes qui s'approchent de l'Adeptat, fin et couronnement suprême de notre évolution, dépassent de beaucoup leurs compagnons de route.

Comment peut-il faire qu'ils soient ainsi en avance ? En partie, et pour quelques-uns, parce qu'ils ont travaillé plus durement ; généralement, parce qu'ils sont de plus vieux égos, parce qu'ils ont été individualisés au sortir du règne animal à une date antérieure, et qu'ainsi ils ont eu plus de temps pour accomplir la partie humaine de leur évolution.

Une vague de vie donnée émanant de la Divinité, demande généralement une période-chaîne pour chacun des grands règnes de la nature. Celle qui, dans notre première chaîne, a animé le premier règne élémental, a forcément animé le second dans la seconde chaîne, le troisième dans la chaîne lunaire, et se trouve à présent dans le règne minéral dans la quatrième chaîne Dans la cinquième chaîne, elle animera le règne végétal, dans la sixième, le règne animal, et dans la septième, elle atteindra l'humanité.

Il suit de là que nous avons nous-mêmes représenté le règne minéral sur la première chaîne, le règne végétal sur la seconde, et le règne animal sur la chaîne lunaire. Là quelques-uns d'entre nous ont atteint leur individualisation, et ainsi ont pu débuter comme hommes sur la chaîne terrestre. Les autres, qui se trouvaient un peu en arrière, n'ont pas réussi à y parvenir ; ils ont donc été, pour quelque temps du moins, dans cette chaîne, des animaux avant de devenir des hommes.

Tous les hommes, cependant, ne sont pas entrés à la fois dans cette chaîne Quand la chaîne lunaire fut arrivée à son terme, l'humanité y existait à différents niveaux. Pas à celui d'Adepte, mais à ce qui représente pour nous la quatrième étape sur le Sentier, et qui, pour eux, était le but désigné et convoité. Ceux qui avaient atteint ce but (les Seigneurs de la Lune ; c'est ainsi qu'on a coutume de les nommer dans la littérature théosophique) avaient comme toujours, devant eux, sept voies dans lesquelles ils pouvaient choisir de s'engager. Une seule de ces voies pouvait les conduire ou plutôt pouvait en conduire un petit nombre dans la chaîne terrestre, pour servir de guides et d'instructeurs aux races primitives. Le plus grand nombre des hommes de la Lune n'avaient pas atteint ce niveau élevé, et durent réapparaître dans la chaîne terrestre comme hommes. De plus, une masse énorme d'animaux de la chaîne lunaire étaient parvenus au moment de leur individualisation. Chez quelques-uns elle s'était déjà produite. Les autres se virent obligés de s'incarner de nouveau dans des animaux sur la chaîne terrestre; pour le moment nous ne nous en occuperons pas.

L'humanité elle-même comprenait un grand nombre de classes. La manière dont elles se sont réparties sur la chaîne terrestre nécessite une explication. Tout d'abord, voici une règle que nous pouvons donner comme générale : Ceux qui on atteint le niveau le plus élevé qui soit, dans n'importe quelle chaîne, sur n'importe quel globe, dans n'importe quelle race-mère, ne sont pas nés dans le début de la chaîne ou du globe ou de la race précédents. Les premiers stades sont toujours réservés aux arriérés; c'est seulement quand ils ont parcouru une bonne partie de leur évolution, et quand ils commencent à s'approcher du niveau que les autres ont déjà atteint, grâce à un meilleur emploi de leur temps dans le passé, que ceux-ci commencent à redescendre et à s'incarner pour les rejoindre. C'est dire que, presque toujours, la moitié d'une période d'évolution, que ce soit d'une race qu'il s'agisse ou d'un globe ou d'une chaîne, semble être destinée à amener les arriérés au niveau des plus avancés; alors, ces derniers aussi (qui pendant ce temps-là se sont reposés dans les délices du monde mental) se réincarnent, poursuivent avec les autres le chemin de l'évolution, et avancent avec eux jusqu'au terme final de la période.

Ainsi, les premiers égos qui passèrent de la Lune dans la Chaîne terrestre, n'étaient pas du tout les plus avancés. En réalité, on peut même affirmer qu'ils étaient les derniers qui eussent réussi à s'individualiser. Ce furent les hommes-animaux. Apparaissant ainsi dans une chaîne de globes nouvellement organisés, ce sont eux qui eurent à établir les formes pour tous les règnes de la nature. C'est un travail qui ne demande à être fait qu'une fois pour toutes, au cours de la première ronde sur une nouvelle chaîne En effet, bien que la vague de vie soit exclusivement centralisée sur l'un des sept globes d'une chaîne à une époque déterminée, la vie n'a pas, pour cela, disparu tout à fait des autres globes. Par exemple, actuellement, la vague de vie de notre chaîne est tout entière concentrée sur notre Terre ; cela n'empêche pas que sur les deux autres globes physiques, Mars et Mercure, la vie n'existe encore. On y trouve parfaitement des hommes, des animaux, des végétaux ; donc, lorsque la vague de vie fera une nouvelle ronde et se fera sentir sur l'une ou sur l'autre de ces planètes, il ne sera nécessaire de créer de nouvelles formes, puisque les types d'autrefois existeront déjà. Seulement, une fécondité aussi soudaine que surprenante multipliera rapidement tous les règnes de la nature ; la population, demeurée stationnaire, s'augmentera dans des proportions énormes.

Ainsi donc ce furent les hommes-animaux, c'est-à-dire les êtres humains les moins évolués de la Chaîne lunaire, qui établirent les formes au moment de la première ronde de la Chaîne terrestre. De près, suivirent les plus élevés des animaux lunaires qui ne demandèrent qu'à occuper les formes déjà achevées. Dans la deuxième ronde de la chaîne terrestre, les hommes-animaux qui avaient été les moins évolués des hommes lunaires, devinrent les guides des Terriens. Les plus évolués des animaux lunaires formèrent en même temps les basses classes de notre humanité. Le même phénomène se produisit durant la troisième ronde : toujours un plus grand nombre d'animaux lunaires atteignirent leur individualisation et entrèrent dans les rangs de l'humanité. Puis, en plein milieu de cette ronde, sur le globe D qui est le nôtre et que nous appelons la Terre, une classe plus élevée d'êtres humains, le second ordre des hommes lunaires, se sont incarnés, et, immédiatement, ont pris en main la direction.

À la quatrième ronde, la nôtre, c'est le premier ordre des hommes lunaires qui se répand sur nous, les plus élevés et les meilleurs entre tous, mais qui n'avaient cependant pas réussi à atteindre leur but. Un certain nombre d'entre eux, qui, déjà sur la lune, s'étaient engagés dans le sentier, ne furent pas longs à y parvenir ; ils devinrent vite des Adeptes, mais à une époque comparativement peu éloignée de nous, c'est-à-dire il y a quelques milliers d'années environ ; ceux-là sont les Adeptes d'aujourd'hui. Nous, qui appartenons aux races supérieures de l'humanité actuelle, étions de plusieurs stades au-dessous d'eux, mais les occasions se présentent à nous, nombreuses, de suivre leurs pas, si nous le voulons.

L'évolution dont nous venons de parler, c'est celle de l'égo lui-même, de ce qu'on peut appeler l'âme de l'homme. En même temps toutefois, s'est produite une évolution du corps. Les formes créées dans la première ronde étaient très différentes de celles que nous connaissons. À vrai dire, c'est à peine si on peut les appeler des formes, car, primitivement construites de matière éthérique, elles ressemblaient plutôt à des nuages vagues, flottants, presque informes. Dans la deuxième ronde, elles furent toutes physiques mais encore informes et assez légères pour flotter ici au gré du vent.

C'est seulement dans la quatrième ronde qu'elles ont commencé à présenter quelques points de ressemblances avec l'homme, tel qu'il est aujourd'hui. Les procédés de reproduction de ces formes primitives différaient des nôtres. On pourrait les comparer à ceux des types les plus élémentaires qu'on trouve à la base de toute vie. L'homme dans ces premiers jours était androgyne ; la séparation définie des sexes n'apparut qu'environ vers le milieu de la troisième ronde. Depuis lors, la forme de l'homme a méthodiquement évolué pour devenir peu à peu ce qu'elle est. D'abord elle s'est peu à peu affinée ; elle a acquis plus de solidité ; elle adopta ensuite la stature droite, cessa de ramper et se distingua en général des formes animales d'où elle est sortie.

Une curieuse exception dans la marche régulière de l'évolution mérite d'être mentionnée. Sur notre globe, à la quatrième ronde, on remarque une déviation de la ligne. En effet, notre Terre générale étant le quatrième globe de la quatrième ronde, le milieu de son évolution marque en même temps le moment final où il fut possible aux animaux lunaires de s'individualiser. En conséquence, une sorte de grand effort fut tenté, un plan spécial fut dressé pour donner au plus grand nombre possible d'entre eux une dernière chance. Les conditions de la première et de la seconde rondes furent tout spécialement reproduites au lieu de la première et de la seconde race, conditions dont ces égos arriérés, au cœur des premières rondes, n'avaient pas su tirer profit. Avec l'évolution qu'ils savaient déjà subie durant la troisième ronde, quelques-uns purent profiter de l'avantage qui leur fut fait. Ils firent irruption juste à la dernière minute, quand les portes allaient se fermer, si nous pouvons nous exprimer ainsi, et devinrent ainsi des hommes. Naturellement, ils n'atteindront pas de suite un niveau élevé dans leur développement; mais du moins, quand ils feront un nouvel essai, dans quelque chaîne future, tireront-ils profit de la légère expérience qu'ils auront ainsi acquise.

Notre évolution terrienne eut un stimulant énergique dans l'aide que nous procura notre globe sœur: Vénus. Vénus est, à l'heure actuelle, dans la cinquième incarnation de sa chaîne, et dans la septième ronde de cette incarnation, de sorte que l'évolution de ses habitants se trouve être d'une ronde entière et d'une demi-ronde en avant sur la nôtre. Dès lors donc que ses habitants sont à tels point plus développés que nous, il fut jugé désirable que certains Adeptes de l'évolution de Vénus fussent transférés à notre Terre pour apporter de l'aide précisément à cette époque mouvementée qui précéda la fermeture des portes, au milieu de la quatrième race-mère.

Ces Êtres Augustes, on les appelle: les Seigneurs de la Flamme ou les Enfants du Brouillard de feu; ils ont eu une influence énorme sur notre évolution.

L'intellectualité dont nous nous enorgueillissons tant, c'est presque entièrement à leur présence parmi nous que nous la devons. Dans la marche régulière des évènements, en effet, ce n'est que la ronde suivante, la cinquième, qui est réservée aux progrès intellectuels. Dans notre quatrième ronde, actuellement, nous ne devrions nous soucier que du développement de nos facultés émotives. Ainsi donc, nous sommes en réalité bien en avance sur le programme qui nous a été tracé. Cette avance est due uniquement à l'aide que nous ont donnée ces Grands Seigneurs de la Flamme. Beaucoup d'entre eux ne sont restés parmi nous que durant la fameuse période critique de notre histoire. Quelques-uns y demeurent encore ; ils remplissent les hautes fonctions de la grande Confrérie Blanche et y demeureront jusqu'à ce que le temps soit venu où les hommes de notre évolution, ayant atteint un degré suffisant de perfection, pourront délivrer leurs Augustes hôtes.

L'évolution qui s'étend devant nous tient donc à la fois de la vie et de la forme ; car, dans les rondes futures, pendant que les égos, méthodiquement, grandiront en puissance, en sagesse et en amour, les formes physiques aussi seront plus belles et plus parfaites que jamais. Il y a dans notre monde, à l'heure présente, des hommes à tous les stades de l'évolution ; il est facile de constater que de vaste groupes de sauvages sont encore bien loin en arrière des grandes races civilisées, si loin, en effet, qu'il est impossible que jamais ils puissent les rattraper. Plus tard, au cours même de notre évolution, il arrivera un moment où ces âmes, si peu développées encore, se trouveront dans l'absolue impossibilité d'avancer aux côtés des autres. Ils devront s'en séparer.

C'est du reste, ainsi que procède le maître d'école pour établir ses divisions. Pendant l'année scolaire, il prépare ses élèves en vue d'un examen. Déjà, dès le milieu de cette année scolaire, il peut dire quels sont ceux qui le passeront avec succès ; s'il arrive que les autres soient tellement en retard qu'il ne reste pour eux aucune chance de succès, voici ce que le maître devrait raisonnablement leur dire :

"Il est inutile que désormais vous continuiez à travailler avec vos camarades. Les leçons qui me restent à faire sont les plus arides. Elles seront inintelligibles pour vous. Vous ne pouvez pas être prêts pour votre examen ; donc l'effort que vous feriez vous fatiguerait inutilement. De plus, vous seriez un obstacle à l'avancement des autres. Il vaut donc beaucoup mieux que vous renonciez à la poursuite d'une chimère. Reprenez les cours de la classe inférieure que vous n'avez pas vus suffisamment bien ; vous vous présenterez à votre examen l'année prochaine, et ce qui vous semble hors de votre portée aujourd'hui, vous paraîtra alors tout à fait facile."

Voici exactement ce qui est dit, à un stade spécial de notre évolution, future, aux égos les plus arriérés. Ils se détachent alors de leur groupe et descendent dans le précédent. Telle est la "condamnation éonienne" dont il a été question plus haut. On estime que, pour les deux cinquièmes environ de l'humanité, les choses se passent de la sorte. Les trois cinquièmes restants avancent donc avec une bien plus grande rapidité vers les glorieuses destinées qui les attendent.

CHAPITRE X

RÉSULTAT DE L'ÉTUDE DE LA THÉOSOPHIE

"Les Membres de la Société Théosophique étudient ces vérités et les Théosophes s'efforcent de les mettre en pratique." Grâce à ces connaissances, quelle sorte d'homme est donc le vrai Théosophe ? Quel avantage tire-t-il de toute cette étude dans sa vie de tous les jours ?

Ayant compris qu'il existe un Pouvoir suprême qui dirige le cours de l'évolution, qui est infiniment aimant, le Théosophe voit que tout ce qui existe dans le plan qu'il a tracé, a pour but d'activer le progrès : Il se rend compte que ce n'est pas par pure fantaisie poétique ou pour nous bercer d'un pieux espoir que les Écritures nous disent : "tout travaille au bien général" que c'est, au contraire, pour établir un fait scientifique. Une certitude absolue, tel est, pour les enfants des hommes le terme final de gloire indicible, quelle que soit leur condition présente ; mais ce n'est pas tout. Ici-bas, actuellement, chacun marche vers la gloire ; toutes les circonstances qui l'environnent ont une raison d'être. Elles sont là pour l'aider non pour lui créer des obstacles. Il faut seulement qu'il comprenne pourquoi elles se trouvent sur son chemin. Il n'est que trop vrai, hélas ! que dans le monde, des maux, des peines, des souffrances nous accablent ; pourtant, du point de vue supérieur où il se place, le Théosophe ne doute pas que, si terribles qu'ils puissent lui paraître, ils ne soient temporaires et superficiels, même employés à son avancement.

Lorsque, encore ignorant, il envisageait ces choses à son faible point de vue, il ne se rendait pas compte qu'elles eussent en fait si peu d'importance ; pendant que d'en bas il observait la vie par son petit côté, les yeux perpétuellement fixés sur quelque mal apparent, jamais il ne put saisir la vraie raison d'être de cette vie. Maintenant qu'il s'élève vers les niveaux supérieurs de la pensée et de la conscience, qu'il observe la vie d'en haut, avec les yeux de l'esprit, et la considère dans son ensemble, il est bien obligé de se convaincre que tout y est pour le mieux ; non pas y sera pour le mieux dans un avenir lointain, mais que, même à notre époque, au milieu des luttes et des difficultés apparentes, le puissant courant de l'évolution s'écoule sans interruption.

Tout est donc bien puisque tout s'avance dans un ordre parfait vers le but final.

En s'élevant ainsi au-dessus des orages et des détresses d'ici-bas, il reconnaît ce qu'il a pris pour des malheurs, et remarque combien en effet, en apparence, ils semblent s'opposer au grand courant du progrès ; tandis que, en réalité, comparativement à la marche de la Loi divine de l'évolution, ils n'ont pas plus d'importance que n'en ont, par rapport à la formidable chute du Niagara, les flocons d'écume qui se forment à la surface. Ainsi, tout en sympathisant profondément avec ceux qui souffrent, il se fait toutefois une idée nette du terme de leurs tourments. C'est pourquoi on peut dire que le désespoir ou le découragement lui sont inconnus. Il applique ces réflexions à ses propres chagrins et ennuis, aussi bien qu'à ceux du monde extérieur. Pour lui, la Théosophie a donc cet admirable résultat de le maintenir dans une parfaite sérénité, disons plus, dans une perpétuelle gaieté et une perpétuelle bonne humeur.

Chez lui, point de tristesse. Comment s'inquiéterait-il, lui qui sait que tout doit être bien ? Sa science élevée fait de lui un parfait optimiste. Ne lui montre-t-elle pas que, quel que soit le mal qui paraisse exister dans une personne, même dans un mouvement, ce mal est forcément temporaire puisqu'il s'oppose au courant irrésistible de l'évolution; que, au contraire, tout ce qu'il y a de bon dans quelqu'un ou dans une action, doit nécessairement persister, être utilisé parce que, derrière, se trouve l'omnipotence du courant, et que, désormais, ce bon doit demeurer et triompher sûrement

Qu'on ne suppose pas toutefois un seul instant que, parce qu'il est assuré du triomphe final du bien sur le mal, il reste pour cela indifférent et insensible aux maux qui l'entourent. Le devoir, au contraire, s'impose à lui de les combattre de toutes ses forces s'il veut travailler en harmonie avec la grande puissance de l'évolution et avancer l'heure de sa suprême victoire. Personne plus que lui ne s'emploie au bien de ses semblables, car il est absolument libéré de tous les sentiments d'impuissance et de désespérance dont ceux qui s'efforcent de leur venir en aide sont trop souvent oppressés.

Il y a encore un grand avantage à tirer de l'étude de la Théosophie. C'est la délivrance de toute crainte, Que de gens sont toujours anxieux, tourmentés, s'effrayant de ce qui pourrait leur arriver, craignant que telle combinaison n'échoue, et n'ont jamais de repos. De beaucoup, ce qui les fait le plus souffrir, c'est la crainte de la mort. Pour le Théosophe, au contraire, ce sentiment n'existe pas. Il connaît trop la grande vérité de la réincarnation. Il sait trop que depuis longtemps déjà il a successivement abandonné des corps physiques, et comprend trop bien enfin que la mort est tout simplement un sommeil; que, de même que le sommeil s'intercale entre deux de nos journées de travail pour nous procurer le repos, le délassement nécessaires, de même, entre deux de ces périodes de labeur que nous appelons des vies, se place une longue "nuit" : la vie astrale et la vie céleste qui nous reposent et nous délassent, en même temps qu'elles travaillent à notre avancement.

Pour le Théosophe, la mort est simplement le dépouillement temporaire de la robe de chair qui l'enveloppe. Il sait que son devoir est de garder ce vêtement corporel aussi longtemps qu'il le peut, afin de profiter du plus grand nombre possible d'expériences; mais quand son heure est venue de le quitter, il fait sans regret et presque avec joie, car il a appris que le prochain stage sera pour lui autrement agréable que celui qu'il termine. Rien de surprenant dès lors, qu'il ne craigne point la mort. Et pourtant, il se rend compte de l'importance qu'il y a pour lui à vivre sa vie jusqu'au bout, puisqu'il est ici-bas pour travailler à son progrès. Or, le progrès, il le sait aussi, est la chose réellement importante. Toute sa conception de la vie est donc différente de celle que s'en fait le commun des mortels. Le but qu'il se propose, en effet, n'est pas de gagner telle fortune, d'obtenir telle ou telle position; la seule considération qui ait de la valeur, à ses yeux, est d'exécuter le plan divin. Il sait que dans ce seul but, il vit ici-bas et que tout doit disparaître devant cet intérêt supérieur.

De plus, il est complètement dégagé de toute crainte et de tout scrupule, de toute obligation religieuse. Tout cela n'a plus d'importance pour lui puisqu'il saisit clairement que le seul progrès vers l'idéal supérieur, est ce que la volonté divine nous veut; que nous ne pouvons pas échapper à ce progrès et que quelles que soient les embûches que, nous trouvions sur notre chemin, quoi qu'il puisse nous arriver, tout concourt à nous aider dans notre voie enfin, que nous seul pouvons retarder notre développement. Plus de tourment, plus de crainte pour lui-même. Tout simplement il va et accomplit son devoir immédiat le mieux qu'il peut, confiant dans la certitude qu'il a que s'il agit ainsi, tout lui sera favorable. Donc, plus de ces inquiétudes perpétuelles qui en accablent tant d'autres. Il jouit de la paix que donne la satisfaction du devoir accompli et de l'effort fait pour aider ses compagnons de route, assuré qu'il est que le grand Pouvoir divin le pousse en avant lentement mais sûrement, et fait pour lui tout ce qui peut être fait tant qu'il marche dans la bonne voie et agit selon son devoir.

Dès lors qu'il sait que, tous, nous faisons partie d'une grande évolution, que tous nous sommes littéralement les enfants d'un même père, il demeure persuadé que la grande fraternité humaine n'est pas seulement une conception poétique, mais un fait défini ; non une utopie, mais une réalité. La certitude de cette fraternité universelle lui ouvre sur la vie de plus larges horizons et lui permet de tout considérer d'un point de vue plus élevé. Il s'aperçoit que nos intérêts sont identiques et qu'aucun de nous ne peut jamais tirer profit d'une action qui ait causé un dommage ou une souffrance à autrui. Cette théorie n'est pas simplement un article de foi, mais bien un fait scientifique qui lui est prouvé par ses recherches. Il voit que, puisque l'humanité est vraiment un tout, ce qui est nuisible à l'un ne peut jamais être pour le bien d'un autre, car le mal ne touche pas seulement celui qui le fait, mais aussi ceux qui vivent autour de lui.

Il est persuadé que le seul véritable agrément, c'est celui qu'il partage avec tous. Il voit que l'avancement dont il est capable dans la voie du progrès spirituel ou du développement ne profite pas qu'à lui seul, mais aussi aux autres. S'il acquiert des connaissances et de l'empire sur lui-même, sans doute cela lui profite personnellement, mais sans jamais leur porter préjudice ; au contraire, il n'en pourra que mieux les aider et les encourager. Sûr de l'absolue unité spirituelle de l'humanité, il sait que, même en ce bas monde, aucun vrai profit ne peut être tiré d'une action qui ne soit faite au nom et pour le bien de l'humanité tout entière ; que le progrès, pour l'homme, consiste à alléger le fardeau des autres ; que son avancement dans les choses spirituelles, c'est aussi celui de l'humanité, si faible soit-il ; que chacun de ceux qui supportent noblement les souffrances et les peines, dans cette lutte vers la lumière, allège en même temps la lourde charge que supportent ses frères.

Puisqu'il reconnaît que cette fraternité qui l'unit à tous n'est pas seulement une chimère propre aux désespérés, mais un fait défini découlant scientifiquement de tous les autres faits ; du moment qu'il la considère comme une certitude absolue, son attitude envers tous ceux qui l'entourent change radicalement. Il devient capable de rendre service, de prodiguer sa sympathie, car il voit que rien de ce qui va à l'encontre de leurs intérêts supérieurs, ne peut lui être utile ni bon d'aucune manière.

De là une grande tolérance et la plus absolue charité. On conçoit aisément qu'il ait de la tolérance. Sa philosophie ne lui démontre-t-elle pas combien peu il importe, en effet, qu'on s'attache à une croyance plutôt qu'à une autre ? et que ce qui importe seulement, c'est qu'on soit bon et sincère.

Quant à la charité, il est impossible qu'il n'en ait pas. Ses connaissances étendues ne le mettent-elles pas en mesure d'admettre un certain nombre de choses que l'homme ordinaire ne saisit pas ? L'idéal du Théosophe, quant au bien et au mal, est toujours plus élevé que celui des hommes moins instruits, et pourtant il se montre plus indulgent qu'eux envers le pécheur, parce qu'il se fait une idée beaucoup plus nette de la nature humaine. Il recherche les circonstances atténuantes que tout péché peut admettre, et il est bien plus disposé à l'excuser que celui qui ignore tout cela.

Il va même au-delà de la tolérance, de la charité et de la sympathie ; il ressent un amour véritable envers l'humanité, ce qui l'amène à adopter une conduite toute de dévouement et de bienfaisance. Il a l'intuition que tout contact avec les autres est pour lui une véritable chance et les connaissances supplémentaires que ses études lui ont fait acquérir, le rendent capable de donner de bons conseils et de venir en aide, dans presque tous les cas qui se présentent. Non pas qu'il tente perpétuellement d'imposer aux autres sa manière de penser et observe, au contraire, que c'est là une des plus grandes erreurs commises par les ignorants. Il sait que le trop d'argumentation est une perte d'énergie inutile, ainsi, se refuse-t-il à toute discussion. Si l'on veut de lui quelque explication ou quelque avis, il est plus qu'heureux de pouvoir les donner, mais il n'a aucun désir de convertir personne à sa propre manière de penser.

Dans toute sa vie, vient en jeu cette idée de l'aide qu'il doit, et non seulement à ses semblables, mais en même temps à tous les animaux au milieu desquels il vit. Quelques-uns de ces animaux sont en relations intimes avec lui ; raison de plus pour qu'il fasse quelque chose pour eux. Le Théosophe reconnaît qu'ils sont aussi ses frères, quoique ses plus jeunes frères, et qu'il a vis-à-vis d'eux des devoirs à remplir ; en conséquence il agit et dirige ses pensées toujours dans leur intérêt et jamais pour leur nuire.

Avant tout et par-dessus tout la Théosophie est pour lui une doctrine de sens commun. Elle lui expose, autant qu'à présent il peut les connaître, les faits qui se rapportent à Dieu et aux hommes, la relation qui existe entre eux, et en considération desquels il agit toujours avec raison et bon sens. Il règle sa vie d'après les lois de l'évolution, lois qui lui ont été enseignées par la Théosophie ; cela le place dans une position totalement différente et lui donne une pierre de touche, grâce à laquelle il peut essayer de toute chose — en premier lieu de ses propres pensées, sentiments ou actions, et ensuite de ce qui se présente à lui dans le monde extérieur.

Sans cesse, il appliquera ce critérium ; telle chose est-elle bonne ou mauvaise ? peut-elle aider l'évolution ou la retarde-t-elle ? Aussitôt qu'une pensée ou un sentiment naît en lui, il juge de suite s'il doit ou non l'encourager. Si ce sentiment peut attirer le plus grand bien au plus grand nombre, alors il est bon ; s'il doit amener quelque obstacle ou causer quelque tort à un être dans son avancement, alors il est mauvais, et il faut l'éviter. Les mêmes raisons l'inspireront quand il sera appelé à décider d'une question, même si elle ne le touche pas directement. Si donc une cause lui paraît bonne, qu'il la soutienne sans hésiter ; sinon, qu'il ne s'en occupe pas.

Pour lui, la question de son intérêt personnel n'entre pas en jeu du tout. Il pense seulement au bien de l'évolution dans son ensemble. Cela lui donne un point d'appui sûr et un critérium décisif qui éloigne de lui les angoisses de l'hésitation et de l'indécision. La volonté de la Divinité, c'est l'évolution de l'homme. Dès lors, tout ce qui s'y oppose et la retarde est foncièrement mauvais, quelque puissantes que soient l'opinion publique ou la tradition qui s'y attache.

Comme il sait que c'est l'égo qui est l'homme véritable et non pas le corps, il lui est facile de comprendre que, seule, la vie de l'égo mérite d'être prise en considération, et que, par conséquent, tout ce qui a un rapport au corps doit être, sans hésiter, subordonné aux intérêts supérieurs. Il reconnaît que la vie sur la terre lui est donnée dans le but unique de le faire progresser et que le progrès est la seule chose importante. La vraie fin de la vie n'est-elle pas le déploiement des facultés et la formation du caractère ? Il saisit l'importance du développement, en ce qui concerne son corps physique comme en ce qui concerne sa nature mentale, son esprit et sa sensibilité morale. Il se rend compte que, pour ce développement, c'est l'absolue perfection qui lui est demandée, que toute force agissant dans ce sens se trouve entre ses mains ; qu'il a devant lui l'infini de temps pour atteindre cette perfection, mais cependant que le plus tôt il y atteindra, le plus heureux et le plus utile il sera.

Il reconnaît que sa vie, en somme, n'est qu'un jour de classe et son corps physique qu'un vêtement physique temporaire endossé tout simplement pour aider à son instruction. Il saisit l'importance qu'il y a à bien apprendre ses leçons, et que l'homme qui se laisse détourner de ce but pour des considérations en réalité insignifiantes, agit avec une légèreté inouïe. La vie, quand elle n'a pour objet que des biens physiques : acquisition de la fortune, pour quitte de la gloire, lui apparaît comme un simple jeu d'enfant, le sacrifice irréfléchi de tout ce qui a vraiment de la valeur, fait aux joies passagères que procure la matière. Il "s'attache, non aux choses de la terre, mais aux conceptions élevées". Ce n'est pas seulement parce qu'elles risquent de le mener dans la voie véritablement bonne, mais encore parce qu'il ne doute pas de la vanité des choses d'ici-bas. Sans cesse, il travaille à élever ses vues ; il sait qu'il ne faut rien envisager d'en bas ; que les mauvais désirs et les mauvais sentiments se réunissent autour de lui sous forme de brouillard assez dense, et lui rendent impossibles à voir les choses telles qu'elles sont.

Quand il entre en lutte avec lui-même, il se souvient que son égo est le plus élevé, que ce qui est en bas en lui n'est véritablement son moi, mais simplement une passion indomptable appartenant à l'un de ses véhicules.

Il ne doute pas que, malgré les chutes nombreuses qu'inévitablement il fera sur le chemin de son but, les raisons qu'il a de s'efforcer de l'atteindre restent aussi puissantes après la millième chute qu'avant la première, et qu'ainsi il ne serait pas seulement inutile, mais infructueux et mauvais de se laisser aller à l'abattement et au désespoir.

Dès l'abord, il a soin de s'engager sur la route du progrès ; en effet, cela lui est bien plus facile maintenant que plus tard ; surtout, s'il fait l'effort dès à présent et réussit à réaliser quelque progrès, si, en même temps, il s'élève à un niveau supérieur, il se trouve en mesure de tendre une main secourable à ceux qui ne l'ont pas encore atteint. De la sorte, il participe, si peu que ce soit, à la grande œuvre divine de l'évolution.

Il sait que s'il est parvenu à la position qu'il occupe, c'est à force de longs efforts : aussi ne compte-t-il pas arriver instantanément à la perfection. Il sait que la grande loi de cause et d'effet est inévitable et que, du moment qu'il a saisi en quoi elle consiste, il peut s'en servir en toute connaissance de cause, en vue de son développement mental et moral, exactement comme, dans le monde physique, il nous est possible d'appliquer à notre propre convenance les lois naturelles que nous avons appris à comprendre. Se faisant une idée nette de ce qu'est la mort, il ne la craint pas et ne s'en tourmente pas ni pour lui ni pour les êtres qui lui sont chers. Ce n'est pas la première fois, se dit-il, que pareille chose leur arrive ; ainsi, ils y sont habitués. Pour lui, la mort, c'est un pas qu'il fait, sortant d'un monde plus qu'à demi physique, pour entrer dans un autre infiniment supérieur. Sans feinte, il lui souhaite donc la bienvenue ; et même quand elle arrive à ceux qu'il aime, de suite, il apprécie l'avantage dont ils jouissent ; ainsi, bien qu'il ne puisse maîtriser la souffrance que lui cause une telle séparation, il éprouve néanmoins une réelle consolation en se disant que cette séparation n'est que momentanée, et que d'ailleurs elle n'existe que dans le monde physique ; que ce nous appelons les morts sont encore près de lui, et qu'il suffit qu'il abandonne son corps physique pendant le sommeil, pour être à côté d'eux comme avant.

Il lui apparaît clairement que le monde est un et que les mêmes lois divines le régissent dans son entier, visible ou non, à l'aide des yeux physiques. Il n'éprouve donc aucune sensation nerveuse ou d'étonnement quand il passe dans de ce monde dans l'autre, et aucune impression d'incertitude vis-à-vis de ce qu'il trouvera dans l'au-delà. Il a appris que, dans cette vie supérieure, s'ouvre devant lui une magnifique perspective de chances : chances qu'il pourra saisir, soit pour acquérir de nouvelles connaissances, soit pour faire œuvre utile ; il sait que la vie, une fois hors du corps physique, a une intensité et une beauté, en comparaison desquelles toutes les joies et les plaisirs d'ici-bas sont inexistants. Ce savoir si étendu, cette confiance si pleine de sérénité, cette puissance de la vie infinie, émane de lui et illumine tous ceux qui l'entourent.

Le doute, quant à son avenir, est chose impossible, car de même qu'en regardant derrière lui le sauvage, il voit ce qu'il fut autrefois, de même, en regardant ce qu'il y a de plus beau et de plus noble dans l'humanité, il se rend compte de ce qu'il sera plus tard. Il aperçoit devant lui la chaîne ininterrompue du développement, une échelle de perfection dressée à ses yeux, sur les marches de laquelle se tiennent des êtres humains ; aussi ne peut-il douter qu'il lui soit possible de les gravir. C'est précisément en vertu de cette grande loi immuable de cause et d'effet qu'il lui est permis de gravir cette échelle, puisque, dès lors que la loi agit toujours de la même manière, il peut s'en rapporter à elle et en user, comme il le fait pour les lois de la nature, dans les mondes physiques. Sa connaissance de cette loi lui prouve que si quelque chose lui arrive, c'est parce qu'il l'a mérité par les actions, les paroles, les pensées, qui appartiennent à ses vies précédentes. Il comprend que toute affliction n'est en somme que le paiement d'une dette, de sorte que tous les ennuis de la vie lui apparaissent comme des leçons dont il doit tirer profit sachant d'où ils lui viennent, il éprouve même une réelle satisfaction puisqu'il les considère comme des occasions qui s'offrent à lui de s'acquitter de quelques-unes de ses dettes.

Mais il ne les envisage pas à cet unique point de vue, car il voit que s'il les accepte avec résignation, il peut en tirer un autre avantage. Aussi, ne perd-il pas de temps à se tourmenter des ennuis qu'il a en perspective. Quand ils viennent, il ne les aggrave pas par de folles lamentations ; il les regarde en face, prêt à supporter ceux qu'il ne peut éviter avec patience et fermeté. Non pas qu'il s'y soumette comme à des coups du sort ; l'adversité, au contraire, lui apparaît comme un stimulant qui, en même temps qu'il le développe, lui permet de se résigner ; et ainsi, d'un long passé de maux, il tire la graine d'une future récolte. Car, par le fait même qu'il paye ses dettes, il développe en lui le courage et la décision au moyen desquels il se maintiendra avantageusement à travers tous les âges futurs.

Il se distingue du reste du monde par sa perpétuelle bonne humeur, son courage intrépide en face des difficultés, sa sympathie et sa complaisance toujours prêtes : il est aussi l'homme du devoir qui prend la vie au sérieux, qui reconnaît que chacun a une tâche importante à accomplir dans le monde, et qu'il n'y a pas de temps à perdre. Il possède l'intime certitude que ce n'est pas seulement sa propre destinée à laquelle il travaille, mais aussi à celle de tous ceux qui l'entourent ; dès lors, la lourde responsabilité qui pèse sur ses actes se révèle à lui à sa juste valeur.

Il sait que, au moyen des pensées, on peut faire beaucoup de mal ou beaucoup de bien ; que l'homme ne vit pas pour lui seul, puisque chacune de ses pensées a sa répercussion sur les autres ; que les vibrations émises par son esprit et sa nature mentale se transmettent aux esprits et aux natures mentales des autres hommes; de sorte qu'il devient une source ou de santé mentale ou de maladie mentale pour tous ceux qui entrent en contact avec lui.

Tout de suite, cela lui impose un code d'éthique autrement élevé que celui qui régit le monde extérieur; car il sait qu'il doit contrôler non seulement ses actes et ses paroles, mais aussi ses pensées, puisque leurs effets peuvent être plus sérieux et d'une portée plus lointaine que ceux qui se produisent dans le monde physique. Il sait que, même lorsqu'un homme ne pense aucunement aux autres, il ne les influence pas moins en bien ou en mal; mais que, en dehors de cet effet inconscient de sa pensée, il lui est possible d'employer cette pensée volontairement au bien. Il établit donc des courants pour apporter l'aide et le réconfort moral aux affligés, et s'ouvre ainsi tout un monde de bonnes actions à accomplir.

Il choisit toujours les pensées nobles et élevées, et délaisse les bas appétits. Délibérément, il cherche plutôt à voir les choses en optimiste qu'en pessimiste; en homme qui veut faire le bien plutôt qu'en cynique, parce qu'il sait que c'est là la vraie manière de les voir.

En recherchant ainsi le don dans tout en en travaillant à l'affermir, en s'efforçant toujours d'aider et jamais de nuire, il devient un précieux auxiliaire pour ses amis; c'est ainsi que dans la mesure de ses faibles moyens, il coopère au merveilleux plan de l'évolution. Il s'oublie totalement, ne vit plus que pour les autres, se regardant lui-même comme une partie de ce plan; il voit aussi en lui la Divinité et apprend à en devenir une expression de plus en plus vraie. Voilà pourquoi, en accomplissant la volonté divine, il n'est pas seulement béni lui-même; il devient encore une bénédiction pour tous.

TABLE DES MATIÈRES

I — QU'EST CE QUE LA THÉOSOPHIE ? 5
II — DE L'ABSOLU À L'HOMME 17
III — LA FORMATION D'UN SYSTÈME SOLAIRE 29
IV — L'ÉVOLUTION DE LA VIE 43
V — CONSTITUTION DE L'HOMME 59
VI — APRÈS LA MORT 87
VII — LA RÉINCARNATION 131
VIII — LE BUT DE LA VIE 145
IX — LES CHAÎNES PLANÉTAIRES 163
X — RÉSULTAT DE L'ÉTUDE DE LA THÉOSOPHIE . . . 181

Charles Webster Leadbeater
(16 février 1854 - 1er mars 1934)

Charles Webster Leadbeater était un membre influent de la Société Théosophique, auteur de sujets occultes et co-initiateur de l'Église Catholique Libérale. À l'origine un prêtre de l'Église d'Angleterre, son intérêt pour le spiritualisme l'a amené à mettre fin à son affiliation à l'Anglicanisme en faveur de la Société Théosophique où il s'associa à Annie Besant. Leadbeater a écrit plus de 69 livres et brochures. Ses efforts en faveur de la société lui ont assuré son statut d'un de ses principaux membres jusqu'à sa mort en 1934.

www.ingramcontent.com/pod-product-compliance
Lightning Source LLC
LaVergne TN
LVHW051117080426
835510LV00018B/2088